VOYAGE

AUX

ILES FRANÇAISES

DE L'AMÉRIQUE.

PAR LE R. P. LABAT.

NOUVELLE ÉDITION,

D'APRÈS CELLE DE 1722.

A PARIS,

CHEZ LEFEBVRE, IMPRIMEUR-LIBRAIRE,

RUE DE LILLE, N° 11;

ET CHEZ A.-J. DUCOLLET, LIBRAIRE,

QUAI DES AUGUSTINS, N° 15.

1831.

L'ouvrage du Père Labat, dont nous publions aujourd'hui une édition nouvelle, obtint à son apparition un éclatant succès. En effet, rien ne manqua à ce succès, pas plus le dénigrement mesquin d'une aveugle malveillance, que la haute et sincère approbation d'une critique éclairée.

Notre Edition n'est, pour ainsi dire, que l'épitome de celles de Paris, 1722 (6 vol. in-12), et de La Haye, 1724 (2 vol. in-4°), devenues très-rares aux colonies, moins par les attaques des insectes, que par celles de quelques personnes extrêmement susceptibles. Ce sont les termes et les expressions de l'original que nous avons copiés. Les détails des procédés pour la fabrication des produits coloniaux ont été seulement abrégés comme n'offrant plus aujourd'hui le même intérêt qu'autrefois.

On y trouve des notices curieuses sur toutes les îles que le spirituel voyageur a visitées, et notamment sur la *Martinique* et la *Guadeloupe*. Les diverses productions de la nature y sont décrites avec précision et clarté; l'auteur ne se piquait pourtant pas d'être naturaliste, et il en convient plus d'une fois. Sa relation est assaisonnée d'une foule de petites anecdotes, la plupart malignes, et qui ont encore de nos jours l'intérêt le plus piquant. On ne peut disconvenir néanmoins que le P. Labat ne soit un grand causeur; sa jaserie ressemble souvent à du commérage; mais il y a tant de bonhomie dans sa malice, qu'on ne ressent jamais l'envie de s'en fâcher. Labat instruit et amuse beaucoup. Ce qui donne surtout à ce livre un attrait qui ne vieillit pas, ce sont les renseignemens tantôt honorables, tantôt désobligeans qu'il fournit sur la modeste origine de ces riches planteurs qui maintenant font sonner si haut leur opulence presque toujours si mal acquise. La fatuité ridicule, la morgue aristocratique d'un grand nombre de ces parvenus y est stygmatisée avec une verve de plaisanterie qui donne à cet ouvrage un puissant intérêt de localité; ce qui justifie cette assertion d'un écrivain : « Le livre du Père Labat n'est » pas précisément un bon voyage; mais c'est » un excellent ouvrage de colonie. »

VOYAGE

AUX ILES FRANÇAISES

DE L'AMÉRIQUE.

Une maladie contagieuse ayant emporté la plupart des Missionnaires qui étaient aux îles françaises de l'Amérique, les supérieurs des ordres qui y sont établis écrivirent des lettres circulaires en France, pour engager leurs confrères à les venir secourir. Une de ces lettres m'étant tombée entre les mains, me pressa d'exécuter le dessein que j'avais formé depuis quelque temps de me consacrer aux Missions. J'étais âgé de trente ans, dont j'en avais passé onze, partie au couvent que nous avons à Paris, dans la rue Saint-Honoré, duquel je suis profès, et partie en province, où j'avais prêché et enseigné la philosophie et les mathématiques. Je demandai la permission nécessaire pour passer aux îles, et l'on peut croire que je l'obtins facilement; de sorte qu'après avoir pris quelque argent d'avance sur une pension que je m'étais réservée en faisant profession, je partis de Paris le 5 août 1693, accompagné d'un homme qu'on avait engagé pour trois ans au service de la Mission, et qui me servit pendant le voyage avec beaucoup de fidélité; son nom était *Guillaume Massonier;* je l'appellerai simplement maître *Guillaume.*

Je trouvai au couvent de La Rochelle un jeune religieux, nommé *Dastez*, qui avait été aumônier d'un vaisseau du roi; il me pria de lui procurer une obéissance pour aller aux Missions. Sur les témoignages que les religieux du couvent me rendirent de ses bonnes mœurs, j'écrivis au P. commissaire, qui m'envoya aussitôt la patente que je lui demandais. Pendant notre séjour à La Rochelle, notre troupe fut augmentée de huit autres Missionnaires, deux desquels s'appelaient le P. *Eustache du May*, et le P. *Jacques Romanet;* ce dernier avait eu la précaution de se pourvoir d'un petit garçon pour servir sa messe.

Nous voyant au nombre de dix, j'allai à Rochefort, où M. *de Mauclerc*, ordonnateur général, me dit qu'il allait pourvoir à notre embarquement, mais qu'il n'avait point ordre de nous donner de l'argent pour nous équiper. Cette réponse m'obligea d'écrire à M. *de Pontchartrain*, secrétaire d'état, ayant le département de la marine et des îles, et quelques jours après je reçus 450 écus pour moi et les Missionnaires qui devaient passer aux îles.

J'employai tout mon temps à préparer ce qui était nécessaire pour notre départ, et le 28 au soir nous nous embarquâmes les uns sur le vaisseau du roi *l'Opiniâtre*, les autres sur les flûtes *la Loire* et *la Tranquille*, et sur un navire marchand. Je me trouvai sur *la Loire*, commandée par M. le capitaine *de la Héronnière*. Notre flotte était composée de trente-sept vaisseaux et une corvette. Le vaisseau *l'Opiniâtre*, de quarante-quatre canons et deux cents hommes d'équipage, était notre amiral et nous servait de convoi. Les deux flûtes étaient chargées de munitions de guerre et de bouche pour les magasins des îles, avec une quantité considérable d'armes et d'habits pour les soldats. Il y avait encore une autre flûte du roi destinée pour Caïenne. Deux vaisseaux marchands devaient passer le détroit, trois allaient en Guinée, et le reste à la Martinique et à la Guadeloupe. Nous fûmes très-bien traités par M. de la Héronnière. Avec nous étaient quatre passagers, savoir : MM. *Roy*, capitaine des milices de la Martinique; *Kercoue*, capitaine de flibustiers; *Ravari* et *Gagui*, lieutenans dans les compagnies franches de la marine.

Arrivé sous le tropique du Cancer, on fit la cérémonie du baptême, où tout le monde se trouva lavé. On ne sait point au vrai l'origine de cet usage; pour moi je crois qu'il a été établi par les pilotes, moins pour faire souvenir ceux qu'on baptise du passage de la ligne ou du tropique, que pour se procurer quelque gratification.

Le dimanche 27, nous eûmes sur le soir un coup de vent fort violent qui dura jusqu'à minuit. Il dispersa toute notre flotte. Le lundi nos bâtimens se réunirent, et le 30 nous éprouvâmes un calme qui dura près de douze jours. Le jour des Rois nos matelots prirent un *Requin* qui depuis long-temps ne quittait point le vaisseau; il avait plus de dix pieds de long. C'est un animal vorace, hardi et dangereux, qui dépeuplerait la mer sans la difficulté qu'il a de mordre; car la disposition de sa gueule le force à se renverser sur le côté pour saisir ce qu'il poursuit, ce qui donne très-souvent le loisir à sa proie de s'échapper. On sala quelques morceaux du ventre pour le vendredi suivant, mais nous ne le trouvâmes pas bon; je crois que les *Dorades*, les *Germons* et les autres poissons que nous avions en abondance, nous dégoûtèrent de celui-là. Cependant les matelots s'en accommodèrent.

Le dimanche 10, le vent de N.-E. commença à se faire sentir; les capitaines des vaisseaux marchands demandèrent la permission de suivre leur route sans attendre *la Tranquille*, qui avait fait des avaries et que nous étions obligés de convoyer. On le leur permit, et ils s'éloignèrent de nous après avoir salué de leur canon.

Avant de nous quitter, le capitaine d'un petit vaisseau de Nantes s'approcha de nous et nous fit présent d'une *Dorade* qui avait plus de sept pieds de long. Ce poisson est, sans contredit, le plus beau de la mer : quand il est dans l'eau il paraît couvert d'or sur un fond vert; il a de grands yeux rouges et pleins de feu; il est vif et très-gourmand. Sa chair est blanche, ferme, un peu sèche à la vérité, mais d'un très-bon goût, surtout quand elle est salée. La dorade est l'ennemie mortelle des poissons volans.

J'ai dit que nous avions quatre passagers, MM. *Roy*, *Kercoue*, *Ravari* et *Gagni*. Ce dernier était un gentilhomme picard, brave et bien né, que la pauvreté avait réduit à servir dans les compagnies de la marine en qualité de capitaine d'armes; il est mort en 1708. M. *Ravari* était créole de Saint-Christophe. M. *de Ragni*, gouverneur-général, l'avait fait lieutenant sans brevet; on le fit capitaine deux ans après, et il fut fait prisonnier à Saint-Christophe, en 1701, quand les Anglais nous chassèrent de cette île. Le sieur *Kercoue* était né à Paris. Son père était un fameux teinturier des Gobelins, et sa mère était hollandaise. Il s'était échappé de la maison paternelle à l'âge de quinze ans; étant arrivé à Dieppe, il s'engagea pour passer à Saint-Domingue, où il fut vendu à un boucannier avec lequel il passa le temps de son engagement. Il fit dans la suite le métier de boucannier, et puis il alla en course; enfin, s'étant trouvé à la Martinique, il s'était amouraché de la fille d'un confiturier nommé *Louis*, et l'avait épousée. C'était un très-brave homme, fort sage, fort sobre, et qui aurait pu passer pour être sans défauts, s'il n'eût aimé le jeu jusqu'à la fureur. M. *Roy* était fils de M. Jean Roy, doyen du conseil de la Martinique. C'était un jeune homme plein de cœur, qui avait fait des merveilles quand les Anglais attaquèrent la Martinique en 1692. Il était aimé de tout l'équipage, excepté des mousses qu'il avait soin de faire fouetter presque tous les jours.

Le mardi 26, nous eûmes sur le soir un coup de vent qui nous fit perdre de vue notre chère compagne *la Tranquille*. Le jeudi on découvrit un vaisseau que nous crûmes être celui que nous cherchions. Grande joie; nous portons sur lui à toutes voiles, et nous découvrons en même temps la Martinique. Ce vaisseau, comme nous le sûmes depuis, était anglais et s'appelait *le Chester;* il avait cinquante-quatre canons et deux cent cinquante hommes d'équipage. Nous commençâmes à nous battre devant le quartier du Macouba, et nous finîmes à la pointe du Prêcheur: il eut trente-sept hommes tués et plus de quatre-vingts blessés. Son petit hunier, sa grande vergue et une partie de son gouvernail furent emportés, de sorte qu'après s'être rajusté comme il put, sous le vent de la Dominique, il eut bien de la peine à retourner à la Barbade. Au bruit de notre combat, les habitans de la côte avaient pris les armes craignant avec raison que nous ne fussions enlevés, n'étant guère probable qu'une flûte pût résister à un vaisseau de guerre de cette force. Un canot vint à nous. C'était le sieur *Louis Coquet*, lieutenant de la compagnie du Prêcheur, qui s'était hasardé avec quatre hommes pour découvrir lequel des deux combattans était *la Loire.* Il vint à bord, et après lui quelques parens et amis de M. Roy, qui nous apportèrent des fruits et des poissons.

A mesure que le jour venait et que nous nous approchions de la terre, je ne pouvais assez admirer comment on s'était venu loger dans cette île; elle ne me paraissait que comme une montagne affreuse, entrecoupée de précipices; rien ne m'y plaisait que la verdure qu'on voyait de toutes parts, ce qui était nouveau et agréable, vu la saison où nous étions. Il vint beaucoup de nègres à bord; beaucoup d'entre eux portaient sur leur dos les marques des coups de fouet qu'ils avaient reçus : cela excitait la compassion de ceux qui n'y étaient pas accoutumés; mais on s'y fait bientôt. Nous dînâmes, puis je remerciai M. de la Héronnière des bontés qu'il avait eues pour moi pendant le voyage, et je pris congé de lui.

Je descendis à Saint-Pierre le vendredi 29 janvier 1694, le soixante-troisième jour de notre embarquement. M. Roy avec quelques passagers nous accompagnèrent. Nous allâmes tous ensemble à l'église rendre grâces à Dieu de notre heureux voyage, et ensuite au couvent qui, en ce temps-là, était éloigné de l'église d'environ deux cents pas. Le P. *Ignace Cabasson*, supérieur particulier de l'île, nous reçut avec beaucoup de bonté, et nous mena saluer M. *du Mets de Goimpy*, intendant, M. le commandeur *de Guitaut*, lieutenant au gouvernement général des îles, et M. *de Gabaret*, gouverneur particulier de la Martinique. Je fus très-bien reçu de ces messieurs. Après ces trois visites nous allâmes aux Jésuites. Leur maison est hors le bourg, à l'extrémité opposée à la nôtre. Tous ces Pères nous reçurent avec une cordialité extrême, et nous firent rafraîchir. De là nous passâmes chez les religieux de la Charité, qui sont nos proches voisins. En sortant de chez eux, nous entrâmes chez la *veuve du sieur Le Merle* : c'était une des plus anciennes habitantes de l'île ; elle était âgée de près de quatre-vingts ans. Elle avait un fils conseiller au conseil souverain de l'île, qui était marié, et deux ou trois autres enfans. Ses filles nous firent de la limonade avec de petits citrons qui ont l'écorce extrêmement fine, et des oranges de la Chine. Avant de rentrer au couvent, nous fûmes encore chez M. *Pinel.* C'était un des capitaines des milices de l'île Saint-Christophe, qui, après la déroute de cette île, s'était retiré, avec sa famille et quelques esclaves qu'il avait sauvés, à la Martinique. Il avait pris à rente une portion de notre terrain où il avait fait bâtir une maison de bois fort propre et fort bien meublée M. Pinel était alors en course; c'était un ami intime de nos Missions, et toute sa famille nous était fort attachée.

L'un de nos religieux, le P. *Godefroi Loyer,* qui était établi sur une terre considérable, appelée *le Fonds du Grand-Pauvre,* à l'île de la Grenade, et dont nous fûmes dépossédés par le comte de Blanac, gouverneur général des îles, avait, en arrivant à la Martinique, gagné la maladie de Siam. Cette maladie contagieuse fut apportée dans l'île par le vaisseau du roi, l'*Oriflamme,* qui, revenant de Siam avec les débris des établissemens faits à *Merguy* et à *Bancok,* avait touché au Brésil, où ce mal faisait de grands ravages depuis sept à huit ans. Il périt en retournant en France. Cette maladie commençait ordinairement par un grand mal de tête et de reins, suivi tantôt d'une grosse fièvre, et tantôt d'une fièvre interne qui ne se manifestait point au dehors. Ce qu'elle avait de commode, c'est qu'elle emportait les gens en fort peu de temps. Six ou sept jours, tout au plus, terminaient l'affaire. Le P. Loyer est le seul de ma connaissance qui l'ait portée jusqu'à trente-deux jours et qui en soit guéri, et je n'ai connu que deux personnes qui en soient mortes après l'avoir soufferte pendant quinze jours.

Le bourg ou ville de Saint-Pierre prend son nom de celui d'un fort qui fut bâti en 1665, par M. *de Clodoré*, gouverneur de la Martinique pour le roi, sous l'autorité de la seconde compagnie, propriétaire de toutes les Antilles. On le fit plutôt pour réprimer les fréquentes séditions des habitans contre la compagnie, que pour résister aux efforts d'une armée ennemie.

On peut distinguer ce bourg en trois quartiers: celui du milieu est proprement celui *de Saint-Pierre*, du nom de l'église paroissiale. Le second, qui est à l'extrémité du côté de l'ouest, est appelé *le Mouillage*, parce que tous les vaisseaux mouillent devant ce lieu. Le troisième se nomme *la Galère*; c'était une longue rue qui commençait au fort Saint-Pierre et allait jusqu'à l'embouchure de la rivière des PP Jésuites. L'ouragan de 1695 a emporté plus de deux cents maisons de ce quartier. On commençait à le rebâtir quand je suis parti de l'île, en 1705. A cette époque il y avait dans les deux paroisses qui comprennent ces trois quartiers, environ deux mille quatre cents communians, et autant de nègres et d'enfans, en comptant dans le premier nombre les soldats et les flibustiers.

J'appris à mon retour au couvent, que M. *Houdin*, mon ancien camarade de collége, était venu pour me voir; il y avait plus de quinze ans que je ne l'avais vu, et je n'eusse jamais cru le rencontrer aux îles.

Je le trouvai chez son beau-frère, M. *Dubois*. M. Houdin et une de ses sœurs mariée à M. Dubois, avaient suivi leur frère aîné, qui était receveur des domaines du roi; ce frère aîné venait de mourir, et ayant laissé de grands embarras dans ses comptes, c'était pour les terminer que M. Houdin se trouvait à Saint-Pierre, car il demeurait ordinairement au Fort-Royal. Il était veuf quand je le vis. Il s'est depuis marié à une fille d'un très-riche habitant nommé *le Boucher*, dont la postérité s'est tellement multipliée qu'en 1704, ce bon homme voyait cinquante-cinq enfans provenus de son mariage ou de celui de ses enfans.

Le lundi 1er février 1694, le P. *Chavagnac* me mena prendra le chocolat chez un de nos voisins, appelé M. *Bragus*, et de là nous fûmes dîner chez un autre habitant qui nous fit manger des perdrix du pays et des ramiers. Les perdrix sont petites; elles perchent; les rouges sont meilleures que les grises. Les ramiers qu'on nous servit étaient fort gras, et avaient un goût de girofle et de muscade fort agréable. On nous servit aussi des *Ananas* et des *Melons d'eau*; les premiers me parurent excellens. Pour les melons ordinaires rouges et verts, qu'on appelle melons d'Espagne, nous en avions mangé tous les jours depuis que nous étions arrivés. Ils ont cette bonne qualité qui leur manque en France, c'est qu'on en peut manger tant que l'on veut sans craindre d'en être incommodé.

Le 4 février, le P. Martelli et moi partîmes de

Saint-Pierre pour nous rendre au *Fonds St.-Jacques*, où est située notre habitation. A la sortie du bourg nous entrâmes dans une belle allée d'orangers qui sépare l'habitation de Mme *la marquise d'Augennes* de celle du sieur *Levassor.* Mme la marquise d'Augennes est fille du sieur *Girault*, capitaine des milices de l'île de Saint-Christophe, qui, s'étant distingué avec quelques autres officiers quand on chassa les Anglais de cette île en 1666, avait obtenu des lettres de noblesse. Le marquis de *Maintenon-d'Augennes* étant venu aux îles avec la frégate du roi, *la Sorcière,* pour donner chasse aux forbans qui désolaient le commerce, épousa une des filles du sieur Girault, laquelle était d'une beauté achevée.

Nous vîmes à une lieue plus loin la maison et la cacaoyère du sieur *Bruneau*, juge royal de l'île. Cette cacaoyère et les terres où sont les deux sucreries de ce juge, avaient appartenu ci-devant à un juif, nommé *Benjamin d'Acosta,* qui faisait un très-grand commerce avec les Espagnols, les Anglais et les Hollandais. Il crut se faire un appui considérable en s'associant avec quelques-unes des puissances de l'île, sous le nom desquels il acheta les terres que possède le sieur Bruneau. Il planta la cacaoyère qui est une des premières qu'on ait faite dans les îles, et fit bâtir les deux sucreries que l'on voit encore à présent. Mais la compagnie de 1664 craignant que le commerce des juifs ne nuisît au sien, obtint un ordre de la cour pour le chasser des îles, et les associés de Benjamin ne firent point de difficultés de le dépouiller pour se revêtir de ses dépouilles. Après la paix de Riswick, les héritiers de Benjamin d'Acosta, et quelques autres représentans, eurent permission du roi de venir aux îles pour demander ce qui leur était dû; mais leur voyage fut aussi inutile que celui d'un agent Hollandais, auquel il est dû des sommes très-considérables pour les avances qu'ils ont faites aux habitans dans les commencemens de la colonie.

En continuant notre route, nous montâmes un petit morne, et à quelques cent pas plus loin, nous entrâmes dans un bois qui a près de trois lieues. Je ne pouvais assez admirer la hauteur et la grosseur des arbres de ces forêts, particulièrement de ceux qu'on appelle *Gommiers*, à cause d'une gomme blanche et de bonne odeur qu'ils jettent en certaine saison de l'année, ou quand on leur fait quelque entaille. Je crois que c'est la gomme *elemi*.

Nous vîmes, en passant au *Morne rouge*, l'habitaition des religieux de la Charité. Les sieurs *Carité* et *de Lorme* avaient aussi des commencemens d'habitation auprès de ces religieux. Depuis ce temps-là, beaucoup d'autres personnes s'y sont placées pour faire du *Cacao* et élever du bétail, marchandises de bon débit.

Nous arrivâmes au *Morne de la Calebasse* un peu avant midi. Après que nous eûmes descendu la partie la plus rude de ce morne, nous nous reposâmes auprès d'une petite fontaine qui est à la gauche du chemin : nos nègres débridèrent nos chevaux, et les laissèrent paître le long du bois, pendant qu'ils mangèrent leur farine de manioc avec quelques poissons salés que nous leur avions achetés; nous mangeâmes de notre côté les petites provisions que nous avions apportées. La crainte des *serpens* m'empêchait d'entrer dans le bois pour voir les plantes qui s'y trouvent. Je fus en peu de temps délivré de cette appréhension. Après une heure de repos, nous remontâmes à cheval et nous descendîmes par un chemin étroit taillé dans la pente d'un morne, à la *Rivière Falaise*, et nous entrâmes dans une allée d'orangers qui sert de clôture à une cacaoyère appartenant à un habitant de la Basse-Pointe, nommé *Courtois*, puis, nous passâmes la rivière *Capot*. Toutes ces rivières ne sont, à proprement parler, que des torrens qui tombent des montagnes, grossissent aux moindres pluies, et n'ont ordinairement que deux ou trois pieds d'eau. De cette rivière, nous passâmes au travers d'une savane qui appartient à un habitant de la Grande-Anse, appelé *Yves le Sade*, et une heure avant le coucher du soleil, nous arrivâmes à la maison du curé de cette paroisse.

Le curé était Provençal aussi bien que mon compagnon le P. *Martelli*, ce qui faisait que celui-ci se flattait d'en être bien reçu. Il fut trompé : ce bon curé était fatigué des passages de nos confrères qui s'arrêtaient chez lui et l'incommodaient. Il s'était absenté de sa maison ou à dessein ou par nécessité. Son nègre, qu'il avait laissé, nous dit que son maître savait que nous devions arriver, et qu'il lui avait ordonné de nous présenter à boire et à manger, si nous en avions besoin, et de nous prier en même temps de passer outre parce qu'il ne pouvait nous donner à coucher. Ce compliment me parut un peu extraordinaire, et je dis au P. Martelli que nous ne devions pas pour cela aller plus loin; mais il ne voulut pas y consentir. Nous partîmes donc après avoir fait boire un coup d'eau-de-vie à nos nègres.

De la Grande-Anse au Fonds Saint-Jacques il y a deux lieues; quoique nos chevaux fussent très-fatigués nous nous remîmes en marche. Ce fut avec peine que nous passâmes les rivières *Lorain* et *Macé*, qui étaient fort grosses. Pour surcroît de malheur, la nuit nous surprit, et nous essuyâmes un fort grain de pluie qui nous obligea de nous mettre à couvert sous des arbres dans la savane du sieur *de Verpré*. Quand le grain fut passé nous continuâmes notre route; le ciel était couvert, la nuit fort noire, et la pluie avait rendu le chemin très-glissant. Chemin faisant je m'avisai de demander au nègre qui me conduisait, s'il y avait des serpens sur la route; il me répondit aussitôt en son baragouin : *tenir mouchè;* je crus qu'il me disait qu'il y en avait beaucoup, ce qui augmenta terriblement la peur que j'avais alors de ces animaux. Cependant nous nous trouvâmes à la rivière *du Charpentier*. Nos nègres nous la firent passer sur leur dos. Nous montâmes un morne très-haut et très-long; mon cheval faisait souvent des révérences jusqu'à mettre le nez à terre, et celui du P. Martelli, qui se piquait de civilité, les lui rendait au double; enfin, tombant, bronchant et grondant, nous nous trouvâmes au haut de ce morne, dans la savane d'un habitant nommé *Gabriel Raffin*, et après avoir fait trois cents pas nous arrivâmes à notre couvent.

Le supérieur de nos Missions n'y était pas, il était allé au *Cul de-sac de la Trinité*, d'où il ne devait revenir que le lendemain. Nos Pères furent surpris de nous voir arriver si tard, car il était neuf heures du soir, et nous étions mouillés et crottés depuis les pieds jusqu'à la tête. On nous prêta des habits et du linge pour changer, après quoi nous nous mîmes à table. Je trouvai au couvent *Guillaume Massonier*, mon compagnon de voyage de Paris à La Rochelle, fort mécontent du poste que notre agent lui avait procuré: il avait appris que la condition des engagés dans les îles était un esclavage fort rude et fort pénible, qui ne diffère de celui des nègres que parce qu'il ne dure que trois ans, et quoiqu'il fût assez doucement chez nous, cette idée l'avait tellement frappé qu'il en était méconnaissable; il était chargé de faire l'eau-de-vie avec les sirops et les écumes du sucre. Je le consolai de mon mieux, et lui promis de l'aider aussitôt que je serais en état de le faire.

L'HABITATION appelée le Fonds Saint-Jacques provenait d'un terrain donné à notre Mission par M. le général *du Parquet*, en 1654, à titre de fondation de trois grandes messes, et de quelques messes basses pour chaque année. Depuis ce temps-là, nos Pères avaient obtenu deux concessions de deux mille pas chacune, ce qui lui donnait six mille pas de hauteur, en allant du bord de la mer vers les montagnes qui se trouvent au centre de l'île. Le pas d'arpentage, à la Martinique, est de trois pieds et demi, mesure de Paris. A la Guadeloupe et aux autres îles il n'est que de trois pieds.

Notre habitation était alors très-pauvre et en mauvais état. Nous n'y avions que trente-cinq nègres travaillant, huit ou dix vieux ou infirmes, et environ quinze enfans, tous si exténués faute de nourriture, de vêtemens et de remèdes, que cela faisait pitié. La maison était endettée de près de sept cent mille livres de sucre, et n'avait plus aucun crédit : ces dettes avaient été contractées par la mauvaise administration des religieux qui prenaient chez les marchands tout ce qui leur plaisait, et les payaient avec un billet de sucre, qui était alors la monnaie courante des îles, à prendre sur l'habitation ; par les entreprises ridicules de quelques syndics, et surtout par les aumônes que le P. *Paul* faisait avec tant de profusion, que le gouverneur et le supérieur général furent obligés d'y mettre ordre. Ce bon religieux s'était mis en tête de retirer du libertinage plusieurs femmes de mauvaise vie qu'on avait envoyées de France, en leur fournissant de quoi vivre, et à cet effet il leur faisait des billets de sucre, sans se mettre en peine si on en pouvait fabriquer assez pour les acquitter, ni où les religieux trouveraient à subsister. Il reconnut à la fin que ces femmes l'avaient trompé; mais les billets, qui étaient en très-grand nombre, couraient chez les marchands, et ceux-ci nous tourmentaient pour en être payés. D'ailleurs, des pertes de bestiaux que nous ne pouvions remplacer, nous empêchaient de faire la quantité de sucre qu'on aurait pu avoir si nos affaires eussent été en meilleur état; outre cela, ce n'était que du sucre brut, décrié par sa mauvaise qualité, et que la guerre avait réduit à si bas prix, que le cent ne valait que cinquante ou soixante sous, pendant que les vivres et les autres denrées de France étaient à un prix excessif. Le baril de farine coûtait 1500 livres de sucre; le baril de bœuf salé autant; le baril de lard, 2500 livres; la barrique de vin, 3000 livres et souvent davantage; tout le sucre qu'on pouvait fabriquer chez nous allait à peine à 130 mille livres, d'où il fallait déduire les dépenses générales. Tel était l'état de nos affaires à la Martinique quand j'y arrivai.

Le R. P. *Camuels*, supérieur général de nos Missions et préfet apostolique, revint du bourg de la

Trinité un peu avant midi; il témoigna de la joie de notre arrivée, et nous fit beaucoup d'honnêtetés. Après dîné il me mena dans sa chambre, et me dit qu'il voulait me mettre à la tête des affaires; mais, qu'en attendant, il me destinait une paroisse où je pourrais étudier avec soin les usages et les mœurs du pays. Le dimanche 7 février, je dis la messe à notre chapelle et je fis le catéchisme à nos nègres. Le même jour nous dînâmes chez M. de *La Chardonnière*, capitaine des milices du quartier, avec deux ou trois autres des principaux; leurs femmes furent du dîner, qui fut servi avec toute l'abondance et toute la politesse imaginables. M. de La Chardonnière était un des anciens habitans de l'île. Son nom est *Le Vassor.* Il avait deux frères. L'aîné était ce M. Le Vassor, conseiller au conseil, dont l'habitation est à côté de celle de madame la marquise d'Augennes. Il était venu fort jeune aux îles, où il avait épousé une veuve riche, et le bonheur l'accompagna tellement, que peu d'années après il se vit en état de faire une sucrerie. Sa femme en mourant le laissa héritier et sans enfans. M. Le Vassor de La Chardonnière, capitaine *du Marigot*, qui était son cadet, était venu aux îles quelques années après son aîné, qui l'avait employé d'abord sur une habitation à côté de la nôtre. Il lui fit épouser la veuve d'un nommé *Joly*, habitant du quartier appelé le *Fonds du Charpentier*, laquelle étant morte quelque temps après, elle laissa ses biens à partager par moitié entre son mari et un fils qu'elle avait eu de son premier lit. Le sieur de La Chardonnière traita avec ce fils, et demeura maître de l'habitation où il était encore. M. Le Vassor, se voyant riche, fit un voyage à Paris où il épousa une des filles du sieur *Lequoi*, officier de l'hôtel-de-ville, et emmena en même temps une des sœurs de sa femme pour la marier avec son frère La Chardonnière. Madame Le Vassor avait été belle, mais l'âge l'avait fait grossir extraordinairement, et la lecture de quelques livres lui avait tellement gâté l'esprit qu'on disait qu'elle était une copie assez achevée des *Précieuses* de Molière. Pour Mme de La Chardonnière, c'était une femme d'un très-bon esprit. Elle se piquait de régularité et de politesse, et avec raison. Son unique défaut était de parler beaucoup. Mme**** et une certaine Mme**** étaient les seules dans toute l'île qui pouvaient lui tenir tête. Je me souviens qu'étant allé un jour chez elle avec le P. Martelli, nous y trouvâmes ces deux femmes; nous eûmes la patience de demeurer près d'une heure à les entendre parler toutes trois à la fois sans avoir jamais pu trouver le moment de dire une seule parole. Nous sortîmes enfin; le P. Martelli, qui aimait à parler à peu près autant qu'une femme, ne put digérer le chagrin qu'il avait eu de garder le silence pendant une si longue conversation.

MM. Le Vassor et La Chardonnière avaient encore un frère appelé *François Le Vassor de La Touche*, qui était venu aux îles après ses deux aînés. Son inclination le portant plutôt à chercher les occasions de se signaler dans les armes qu'à devenir un bon habitant, il fit plusieurs voyages en course où il s'acquit de la réputation. En 1664 il défit et mit en fuite neuf cents habitans de la Martinique qui s'étaient révoltés contre le gouvernement nouveau de la compagnie. Le sieur de La Touche se distingua de nouveau en 1693, lorsque les Anglais attaquèrent la Martinique. Le roi, pour récompenser ses longs services, le nomma colonel d'un des quatre régimens de milice qu'on fit à la Martinique en 1705, et lui donna des lettres de noblesse. Il eut plusieurs enfans de son mariage avec *Marie-Madelaine Dorange*, fille de ce brave Dorange qui fut tué en 1674, lorsque les Hollandais attaquèrent le Fort-Royal.

Mesdames Le Vassor et La Chardonnière avaient une sœur et deux frères. Cette sœur vint à la Martinique en 1698. C'était une petite boiteuse fort spirituelle, qu'un long séjour dans les couvens n'avait pu engager à prendre le voile; elle ne laissait pas d'être dévote, en attendant quelque occasion de mariage.

A l'égard des deux frères, le sieur Lequoi, l'aîné, vint aux îles un peu après la paix de Riswick. Il avait été garçon-major dans le régiment d'Alsace; mais il avait oublié le mot de *garçon* pendant le voyage, et avait paru comme major réformé de ce régiment. On connaissait aisément qu'il était frère des femmes dont j'ai parlé ci-devant, car il ne déparlait point, et quelque nombreuse que fût une assemblée, il tenait le bureau sans que personne eût la peine d'ouvrir la bouche. Au reste, je suis obligé de dire ici que les familles nombreuses de MM. Le Vassor sont composées de très-honnêtes gens. L'aîné était attaché aux Jésuites; le cadet était ami intime de notre Mission, et le plus jeune était le père et le bienfaiteur des Capucins.

Le P. Martelli revint de sa paroisse de la Trinité, et le même jour M. de La Chardonnière nous vint rendre visite avec MM. *Jaham, Leconte* et *Desfontaines*, créoles. Le lendemain j'accompagnai notre supérieur général chez MM. *de Jorna* et *Laquant*, et chez madame et mademoiselle *de Lacalle*, sa fille. Au retour j'entrai chez le sieur Gabriel Raffin, notre voisin; il était Nantais, tonnelier de son métier, mais il l'avait quitté depuis long-temps, et après avoir été marchand au fort Saint-Pierre, il cultivait une cacaoyère, et travaillait à établir une sucrerie au lieu appelé *le Pain-de-sucre*. Il entretenait un nombre de chèvres ou cabrites qui auraient multiplié à merveille sans les nègres marons qui tendaient des attrapes pour les dérober. On appelle *marons* les nègres qui abandonnent la maison de leur maître, et se retirent dans les bois et autres lieux peu fréquentés. Ceux qui les prennent et les remettent à leurs maîtres ou aux officiers des quartiers ont cinq cents livres de sucre de récompense. Quand on les surprend dans les bois, ou en volant, on peut tirer dessus s'ils ne veulent pas se rendre.

Le supérieur me chargea de desservir la paroisse du *Macouba*, qui est à quatre lieues à l'ouest du Fonds Saint-Jacques. On me donna pour me servir un nègre appelé *Robert Popo*, âgé de quinze à seize ans, et un cheval nommé *Corosol*.

En arrivant au Macouba, je vis auprès de l'église une petite maison de bois : c'était la maison destinée au curé. Le maître d'école, qui en avait les clés, logeait au bord de la mer. Une négresse me dit de faire sonner la cloche pour l'appeler ; il vint en effet quelques momens après, et avec lui le marguillier de la paroisse. Ce dernier me fit beaucoup d'honnêtetés, et me conduisit à sa maison où il me donna un logement en attendant qu'on eût réparé le presbytère. Ce marguillier s'appelait M. *Dauville*. Il était de Normandie, honnête homme, fort civil, sachant parfaitement bien vivre, aussi l'avait-il appris chez M. *de Champigny*, conseiller d'état, dont il avait été maître-d'hôtel. Ce seigneur l'avait mis auprès du marquis de Théméricourt, son beau-fils, lorsqu'il vint aux îles pour partager le marquisat de la Guadeloupe avec M. Houel, son oncle. M. de Théméricourt ayant été pourvu du gouvernement de Marie-Galante, le sieur Dauville l'y suivit et s'y établit ; il épousa ensuite une femme de chambre de son ancienne maîtresse, madame de Champigny; mais cette femme ne sympatisant pas trop avec l'humeur de son mari, revint en France au bout de quelques années, et s'établit à Honfleur, son pays natal. Ce fut après la prise de Marie-Galante par les Anglais, en 1692, que le sieur Dauville vint à la Martinique à la suite de son gouverneur. Comme il avait sauvé quelques nègres et quelques effets, il eut les moyens d'acheter la moitié de l'habitation, où il était à moitié profits et pertes avec M. Roy, père de celui avec qui j'étais venu de France.

Sur un faux avis qu'il avait eu de la mort de sa femme, M. Dauville en avait pris une seconde. Je fus parfaitement bien reçu de toute la famille. Nous soupâmes, et après quelques momens de conversation, je me couchai.

Dès le lendemain M. Dauville s'occupa des réparations à faire à l'église et au presbytère; il fut secondé de bonne grâce par tous les habitans du Macouba, et particulièrement par M. *Adrien Michel*, capitaine du quartier. Je dis la messe, je fis le prône, l'eau-bénite et un baptême, de quoi mes paroissiens furent très-satisfaits. Nous fûmes ensuite dîner chez M. Michel, qui avait aussi prié M. Dauville, M. *Sigoloni*, son enseigne, et deux ou trois autres habitans. Le dîné fut assez long et très-propre. Après qu'on eut desservi, on apporta des cartes, et on me pressa de jouer; je m'en défendis comme d'un exercice qui ne convenait pas à mon caractère; mon hôte crut que je manquais d'argent, et en mit une poignée devant moi ; je le priai de le reprendre, et on ne me pressa pas davantage ; mais M. Michel me dit qu'il allait jouer à moitié profit pour moi, et que le bénéfice serait employé en meubles pour le presbytère. Quelque temps après je sortis pour aller dire mon bréviaire. Le P. *Breton* me suivit, et la compagnie nous joignit ensuite, car mon hôte nous avait tous retenus à souper. Mademoiselle Michel remarqua que j'avais des démangeaisons aux jambes, parce que j'y portais souvent la main ; elle en devina aussitôt la cause, et me dit que j'avais pris des *bêtes rouges* en me promenant dans les savanes du mouillage du Fonds Saint-Jacques. Elle commanda aussitôt à une de ses servantes d'aller chercher des bourgeons de vigne et de monbain ; de cueillir des feuilles d'oranger et des herbes odoriférantes, et de les faire bouillir pour me laver les jambes avant de me coucher. Ces petits animaux, qu'on appelle *bêtes rouges*, sont communément de la grosseur de la pointe d'une épingle, tout rouges, et on peut dire tout de feu, puisque dès qu'ils sont passés au travers des bas, et qu'ils se sont attachés à la peau, ils y causent une démangeaison épouvantable. Ils se trouvent ordinairement dans les savanes un peu sèches (on sait que savane et prairie sont la même chose). Mais ces petits insectes ne sont pas seuls ; il en est de plus dangereux : on les appelle des *chiques*. Nous soupâmes après nous être promenés, et avoir causé assez long-temps ; ces messieurs se remirent au jeu ; je les regardai un instant ; puis je me retirai. Le nègre qui me servit le bain remarqua qu'outre les bêtes rouges, j'étais déjà pourvu de quelques *chiques*. C'est un très-petit animal noir que l'on trouve dans les lieux où il y a des cendres, ou qui sont malpropres; il passe aisément au travers des bas, et se loge ordinairement sous les ongles des pieds, dans les jointures, ou dans les endroits de la peau qui sont un peu élevés. Après qu'il s'est logé, il ronge doucement la chair, où il n'excite qu'une légère démangeaison. Cet insecte grossit peu à peu, s'étend et devient enfin comme un gros pois; il fait des œufs qui sont autant de petites chiques qui se nichent autour de leur mère, s'y nourrissent comme elle, et s'augmentent de telle manière, si l'on n'a pas soin de les retirer, qu'elles pourrissent toute la chair aux environs, y causent des ulcères malins, et quelquefois la gangrène. On m'assura qu'un père capucin, retournant en France, voulut y faire voir cet animal. Il en avait un auprès de la cheville du pied, qui augmenta si bien pendant le voyage, qu'on fut obligé de couper la jambe du capucin pour sauver le reste du corps. Belle curiosité assurément et bien récompensée! Le nègre de M. Michel me délivra et de mes chiques et des bêtes rouges.

Le lendemain je visitai l'habitation de M. Michel et sa sucrerie, après quoi nous montâmes à cheval pour aller voir quelques voisins, entre lesquels il s'en trouva un nommé *la Boissière;* il était de Linas près Paris; c'était un très-bon habitant, et très-intelligent dans une infinité de choses; mais toutes ces qualités étaient accompagnées d'une si forte passion pour le vin, qu'il était rare de le trouver de sens rassis; il était associé avec son beau-frère, nommé *Lozol;* ils avaient un assez bon nombre de nègres; ils cultivaient du cacao, faisaient du roucou, et élevaient des bestiaux et des volailles. Ce Lozol était de la vicomté de Turanne, scieur de long de son métier, et dans un besoin un peu charpentier; et quoiqu'il fût venu engagé aux îles, il commençait déjà à avoir du bien, de manière que quand je suis parti il était riche de plus de cent mille francs; bon homme, au reste, et un vrai original qui avait un privilége pour estropier la langue française, et un talent particulier pour faire rire tout le monde. En rentrant au logis, nous y trouvâmes un marchand du fort Saint-Pierre, nommé *Ricord*, avec lequel nous soupâmes.

Pendant que nous étions à table, on vint me chercher pour confesser un nègre de M. Roy, qui venait d'être mordu d'un serpent. L'état où je trouvai ce nègre me fit compassion; il avait été mordu trois doigts au-dessus de la cheville du pied. On avait tué le serpent, et on me le fit voir; il était long de sept pieds, et gros à peu près comme la jambe d'un homme. Le pauvre nègre était couché sur une planche entre deux feux; malgré cela, il disait qu'il mourait de froid, et cependant il demandait sans cesse à boire, assurant qu'il sentait en dedans un feu qui le dévorait. Je voulus voir sa jambe, que je trouvai liée fortement au-dessus et au-dessous du genou, avec une liane ou espèce d'osier qui court comme la vigne vierge. Je le confessai et j'en fus fort content; pour l'empêcher de dormir, je lui tenais une main que je remuais sans cesse. Je demandai au nègre qui l'avait pansé, son sentiment sur cette morsure; il dit qu'il y avait du danger, et qu'on ne pouvait rien décider qu'après vingt-quatre heures; je lui demandai aussi de quelle manière il traitait ces sortes de plaies; il s'excusa de me dire le nom des herbes qui entraient dans la composition de son remède, parce que ce secret lui faisant gagner sa vie, il ne voulait pas le rendre public. Je sus le lendemain que le nègre était hors de danger, ce qui me fit plaisir et me mit en repos de ce côté-là.

Je fus voir l'église de *la Basse-Pointe*, qui était desservie par le P. Breton. Ce bourg ne consistait alors qu'en quinze ou vingt maisons occupées par des marchands, des ouvriers et des cabarets. Après dîné, je montai à cheval avec MM. Michel et Roy, pour aller rendre visite à M. *Claude Pocquet*, capitaine du quartier, conseiller, et qui depuis a acheté une charge de secrétaire du roi. Il était, dès ce temps-là, le coq de toute la Cabesterre, riche, bien allié, et se faisant honneur de son bien. Il était de Paris, fils d'un marchand, je ne sais pas bien de quelle espèce. Il nous reçut parfaitement bien et me fit mille offres de service.

De là nous fûmes souper chez un sieur *Verrier*; c'était un Gascon qui était venu dans les îles en qualité d'engagé, comme la plupart des habitans. Le temps de son engagement étant achevé, il s'était fait marchand de vin, puis d'autres marchandises, et ayant gagné quelque chose, il épousa une des filles d'un habitant nommé *Peret*, dont il eut des nègres, une sucrerie et une cacaoyère. Avec tout cela il n'était pas des plus riches; mais quoiqu'on se souvînt encore de l'avoir vu engagé, sa bonne humeur le faisait rechercher; on se faisait même un plaisir d'aller chez lui, où l'on trouvait toujours un plat de sa façon, car il était excellent cuisinier.

M'étant occupé à prendre l'état des âmes de ma

paroisse, j'y trouvai cent dix nègres grands ou petits sur l'habitation de M. Roy. Tous ces nègres étaient conduits par un commandeur, au-dessous duquel il y avait un économe, neveu de M. Roy, que l'on appelait *Regis*, pour le distinguer de son oncle. C'était un petit Gascon tout blanc, quoiqu'il n'eût pas encore trente-cinq ans, et un joueur de profession, s'il en fut jamais.

Le dimanche 20, je me rendis à ma paroisse, où je dis la messe, après quoi je prêchai et fis le catéchisme. Je dînai chez M. Poquet, où entre autres choses, on nous servit un *plastron de tortue* de plus de deux pieds de long et d'un pied et demi de large. Ce morceau me parut excellent. Le plastron d'une tortue est toute l'écaille du ventre de cet animal, sur lequel on laisse trois ou quatre doigts de chair, avec toute la graisse qui s'y rencontre. Cette graisse est verte et d'un goût très-délicat. On peut, tant que l'on veut, manger de la chair de tortue sans en être incommodé, étant de facile digestion. Elle est très-nourrissante, et on la met en toutes sauces. Entre les confitures que l'on servit au dessert, il y avait des *cacaos confits*, que je crois être la meilleure confiture qui se puisse imaginer. Elle était de la façon d'une demoiselle de l'île Saint-Christophe, appelée *Marie-Anne Menegaut*, qui, après la déroute et la prise de cette île, s'était trouvée orpheline et dépouillée de tous ses biens. Elle était venue à la Martinique, où madame Poquet l'avait retirée chez elle pour lui tenir compagnie. Les habitans avaient secouru avec générosité les réfugiés de Saint-Christophe et des autres îles dont les Anglais s'étaient emparés. On fit pour eux une quête dans toute l'île : elle produisit près de 50,000 francs, qui auraient beaucoup soulagé ces pauvres gens, avec les autres secours dont on les assistait, si cet argent eût été distribué avec autant d'égalité que la justice le demandait : mais *certaines familles* furent si bien partagées, qu'il ne resta presque rien pour ceux qui en avaient un grand besoin. Dieu veuille que la lecture de ces Mémoires les fasse rentrer en eux-mêmes, et les porte à restituer aux pauvres ce que leur adresse leur a enlevé de cette charité!

Le mercredi des Cendres, j'en fis la bénédiction et la cérémonie dans mon église, je chantai la messe et je prêchai. Je vins dire la messe à mon église les trois jours suivans, et j'achevai pendant ce temps-là de prendre l'état des âmes de ma paroisse, et de voir les enfans et les nègres qu'il fallait disposer à la première communion et au baptême. Le lendemain tous les chefs de famille s'étant assemblés au presbytère, tout le monde consentit à se cotiser selon ses moyens, pour les réparations de l'église et de la maison cléricale. M. Dauville, comme marguillier, fut chargé du recouvrement de ce qu'on avait promis, et de faire travailler pour que le tout fût prêt pour les fêtes de la Pentecôte. Après que je les eus remercié, je montai à cheval avec le P. Dastez et M. Michel pour aller dîner chez une veuve appelée madame *Roche*, dont l'habitation faisait la séparation de ma paroisse, d'avec celle de la Basse-Pointe.

Cette veuve, âgée pour lors de soixante-quinze ans, était une des premières femmes qui fût venue aux îles. Elle était de Dieppe, dont elle avait conservé le patois, l'accent et les manières, comme si elle n'en fût jamais sortie. Son mari avait été tué dans un combat qui se donna sur la montagne Pelée, entre les troupes du roi et les habitans de la Cabesterre, qui ne voulaient point reconnaître l'autorité de la compagnie de 1664, laquelle avait acheté la propriété des îles. Il y avait plus de trois mois que ce combat avait eu lieu sans qu'on se fût mis en peine de faire enterrer les morts. Madame Roche voulut faire enterrer le corps de son mari à l'église de Macouba, sa paroisse. Elle alla donc le chercher avec deux de ses nègres, croyant ne plus trouver que les os, mais étant bien sûre de ne s'y pas tromper, parce que l'un des nègres qu'elle conduisait avec elle, était avec son mari quand il fut blessé, et l'avait porté derrière un rocher où il expira. Elle fut étrangement surprise de trouver le corps de son mari tout entier, aussi-bien que ceux des autres habitans qui avaient été tués au même endroit. Il fallait que le froid excessif qui règne sur cette haute montagne les eût conservés; cependant le transport du corps devenait impossible, parce que les chemins étaient trop escarpés et trop étroits pour permettre le passage à deux hommes chargés du même fardeau. Cet incident aurait embarrassé tout autre que madame Roche; mais comme elle était femme d'exécution, elle fit couper le corps de son mari en morceaux, et ses deux nègres et elle, en ayant pris chacun leur part, ils l'emportèrent au Macouba où il fut enterré, et où elle ne manquait pas de faire dire un service tous les ans. Je n'aurais pu me résoudre à croire cette histoire, quoique tous les vieux habitans me la certifiassent, si cette bonne veuve ne me l'avait contée elle-même, avec une naïveté qui seule était suffisante pour me convaincre de sa vérité.

Le lundi 1ᵉʳ mars, je me rendis à Saint-Pierre, et de là au Fort-Royal, dans le canot d'un nommé *Louis Galère*, nègre libre, qui faisait ces voyages et revenait le même jour, moyennant un écu pour chaque personne, ou six écus pour tout le canot. Cette voiture est commode; le canot est couvert d'une grosse toile goudronnée à l'endroit où se placent les passagers, un nègre tient le gouvernail, et quatre ou cinq rament. On compte de Saint-Pierre au Fort-Royal neuf grandes lieues par mer. Dès mon arrivée, je fus saluer les RR. PP. Capucins, et dire la messe chez eux, après avoir pris le chocolat chez M. Houdin.

J'allai à la forteresse où je trouvai M. de Gagni qui était de garde; je le priai de me présenter à M. le général, qui me reçut avec beaucoup de bonté. Après avoir lu les lettres que je lui présentai, il me dit qu'il savait déjà qui j'étais, et que si je voulais demeurer au Fort-Royal, il m'emploierait à conduire les travaux, qu'il était persuadé que je corrigerais les fautes qu'on y faisait, et que j'empêcherais les voleries qui s'y commettaient chaque jour. Je le remerciai d'une offre si avantageuse, et lui dis que je dépendais de mes supérieurs qui seraient ravis de lui marquer leur respect et leur obéissance, en m'envoyant exécuter ses ordres quand l'occasion s'en présenterait ; mais que je ne croyais pas qu'il eût besoin de moi pour le présent, puisque son ingénieur, qui avait été envoyé par le ministre, avait tout le savoir et toute l'intégrité nécessaire pour bien s'acquitter de son devoir. M. de Gagni me fit voir la forteresse. Nous y trouvâmes l'ingénieur dont je viens de parler : c'était un gentilhomme du Languedoc, appelé M. *de Caïlus*, très-habile et très-expérimenté. Si on avait suivi son conseil, le Fort-Royal serait presque imprenable ; mais les plus habiles gens et les plus désintéressés ne sont pas ordinairement les mieux écoutés, ni leurs avis les plus suivis.

Ayant fait le tour de la forteresse, j'y remarquai des défauts considérables. On prétend que c'est la faute d'un nommé *Payen*, qui, étant plutôt un médiocre maçon qu'un bon ingénieur, n'avait pas laissé d'être employé aux îles en cette qualité. Il n'exécuta point le dessein que M. *Blondel* avait tracé sur les lieux en 1675, sous prétexte qu'il serait d'une trop forte dépense, et il en substitua un autre rempli d'énormes fautes.

Quand l'amiral de Hollande, *Ruitter*, vint attaquer la Martinique en 1674, cette motte de terre qu'on appelait déjà le Fort-Royal n'avait pour toute fortification qu'un double rang de palissades qui fermait cette petite langue de terre par le bas, avec un autre rang sur la hauteur, et deux batteries à barbette, l'une sur la pointe pour défendre l'entrée du port qu'on appelle le *Carenage*, et l'autre du côté de la

3.

rade. Le terrain où est à présent la ville était un marais plein de roseaux, parsemé de quelques cases servant de magasin.

M. de Blenac eut la bonté de m'envoyer chercher pour dîner, il me demanda mon sentiment sur les nouvelles fortifications que je venais de voir. Je lui répondis que je les trouvais bonnes pour le pays, et il fut très-satisfait de ma réponse. Après dîné, il m'entretint de différentes choses. Je remarquai dans ses discours la vivacité de son esprit, et son tempérament tout de feu, quoiqu'il fût âgé de plus de soixante-douze ans, et qu'il fût attaqué d'une dyssenterie qui l'emporta enfin deux ans après.

Ayant prit congé de lui, je m'embarquai pour retourner à Saint-Pierre. Je trouvai dans le canot les mêmes personnes avec lesquelles j'étais venu. Nous fîmes rouler la toile qui le couvrait afin de jouir de l'air et de la vue du pays. Nous allions à la voile et fort vîte. On me montra une sucrerie de M. Roy dans un lieu appelé la *Pointe-des-Nègres*. Nous vîmes ensuite le bourg et l'église de la Case-Pilote. Tout ce terrain est fort élevé, et l'on y voit beaucoup de *Caneficiers*. C'est ainsi qu'on appelle les arbres qui portent *la Casse*. Cet arbre vient de bouture; il croît fort vîte; il porte beaucoup et deux fois l'année, comme presque tous les arbres qui sont naturels à l'Amérique; il pousse des fleurs jaunes d'une odeur agréable. Aux fleurs succèdent les siliques ou la casse qui en est comme la moëlle. Ces siliques pendent aux branches comme des paquets de chandelles de douze, de quinze et même de vingt attachées ensemble; elles sont vertes avant d'être mûres, et c'est à leur noirceur qu'on connaît qu'elles sont mûres et propres à cueillir.

Le vent nous quitta *au Carbet;* ce bourg était appelé autrefois le quartier *de Monsieur*, parce que M. du Parquet, seigneur et propriétaire de la Martinique, y faisait sa résidence; les nègres reprirent alors leurs avirons et nous arrivâmes au Mouillage.

Le 4 mars, j'allai rendre visite à notre voisin M. *Pinel*, capitaine de flibustiers. Il me reçut avec mille civilités, et ayant su que je m'établissais au Macouba, il me fit quelques présens. Ce fût ainsi que commença l'amitié qu'il a eue pour moi jusqu'à sa mort. Le vendredi, nous fûmes occupés toute la matinée à confesser M. Pinel et ses flibustiers. On chanta une messe et un *Te Deum* en exécution d'un vœu qu'ils avaient fait dans le combat, après lequel ils avaient pris deux vaisseaux anglais richement chargés.

Le samedi 6, le P. Dastez, mon compagnon, partit pour Saint-Domingue; il s'embarqua dans un bateau de flibustiers qui allait porter des ordres de la cour en cette île et à celle de Sainte-Croix. Le lendemain j'allais confesser un nègre d'une habitation de M. Roy, car il en avait deux très-considérables dans ma paroisse, et d'autres encore dans différens quartiers de l'île. On ne peut sans étonnement penser à la fortune de cet homme. Il était venu aux îles en qualité d'engagé dans les premières années de la formation de la colonie. Il était de Bordeaux, tailleur ou chaussetier de son métier. Le temps de son engagement étant achevé, il se mit à torquer du tabac, et quand la saison était passée il travaillait de son métier. Il s'associa avec un autre torqueur dont il hérita quelques années après. Il fit quelques voyages en course, et si heureusement, qu'il se vit bientôt en état d'établir une sucrerie et de faire divers autres établissemens. Quand j'arrivai à la Martinique, il avait six sucreries. Celle du Prêcheur où il demeurait avait en outre une très-belle raffinerie. On comptait plus de huit cents nègres dans ces établissemens. Son fils aîné, avec lequel j'étais venu de France, était capitaine de milice, et une de ses filles avait épousé M. *de La Fossilière*, capitaine de vaisseau du roi. M. Jean Roy est mort en 1707, laissant onze enfans qu'il avait eus de *Luce Brumean*, sa femme.

Je m'établis enfin à ma maison curiale le 13 mars, mais ce ne fut pas sans beaucoup de peine, car M. Michel voulait me retenir chez lui encore plus long-temps. J'achevai cette semaine l'état des âmes de ma paroisse. J'y trouvai deux cent-vingt-neuf personnes communiant, soixante-dix-huit enfans qui n'avaient pas encore communié ; six cent quatre-vingt-seize nègres petits ou grands, parmi lesquels il y en avait soixante-quatre qui avaient communié, et cinquante-huit qui n'avaient pas encore reçu le baptême.

En 1694, toutes les paroisses de la Martinique étaient administrées, pour le spirituel, par des religieux.

Les Jésuites ou Pères noirs, desservaient *le Fort-Saint-Pierre*, le *Prêcheur*, le *Carbet*, la *Case-Pilote*, et le *Cul-de-sac-à-vache*.

Les Capucins avaient soin de la *paroisse et de la forteresse du Fort-Royal*, du *Trou-au-Chat*, du *Cul-de-sac-marin*, et de deux autres qui sont aux *Anses-d'Arlet*.

Les Jacobins, ou les Pères blancs, avaient la paroisse du *Mouillage*, *Sainte-Anne du Macouba*, *Saint-Jean-Baptiste de la Basse-Pointe*, *Sainte-Hyacinthe à la Grande-Anse*, *Saint-Paul au Marigot*, *Sainte-Marie et la Trinité*.

A la Guadeloupe il y a des Capucins, des Carmes chaussés de la paroisse de Tourraine. Ils avaient aussi soin des paroisses de *Marie-Galante* et des *Saintes*.

Les Jésuites ont une sucrerie et un grand nombre d'esclaves à la Guadeloupe ; ils y ont en outre une belle maison et une belle église. Ils ont soin des nègres qui se trouvent dans la paroisse des Carmes.

L'île de la Grenade est desservie par les Capucins.

L'île de Saint-Christophe a été desservie par les

Jésuites et les Capucins; les Carmes y avaient une habitation et une église qui n'était pas paroissiale.

Le spirituel de l'île de *Sainte-Croix* a toujours été administré par nos Pères, depuis qu'on commença à s'y établir jusqu'en 1696, qu'on transporta cette colonie pour augmenter celle de Saint-Domingue.

Les îles de *Saint-Martin* et de *Saint-Barthélemy* ont été desservies par les Capucins, depuis que nos Pères les ont abandonnées faute de religieux.

L'île de *Caïenne* fut desservie par les Capucins qui y vinrent avec les premiers habitans envoyés par une compagnie de marchands de Rouen. En 1652 il se fit une autre compagnie à la tête de laquelle était l'abbé de l'Isle-Marivault, et un certain M. Biet, qui s'est donné la peine d'écrire l'histoire de cette entreprise, livre rempli de faussetés. Cette dernière compagnie introduisit à Caïenne des prêtres séculiers, et après sa déroute, en 1664, les Jésuites y vinrent, et s'y sont toujours maintenus seuls.

Les Jésuites ont un Missionnaire chez les sauvages de l'île *Saint-Vincent*, et un frère coadjuteur qui lui sert de compagnon. Je ne crois pas qu'ils y aient été encore d'aucune utilité. Les Caraïbes ne sont pas gens qui s'embarrassent de recevoir ou de quitter quelque sorte de religion que ce soit.

La partie française de l'île de *Saint-Domingue* a des Capucins, des Jacobins et des Jésuites.

Aux îles, le traitement des curés variait suivant l'importance des paroisses. Quand j'y arrivai, nos pensions étaient payées en sucre brut, qui, à cause de la guerre, ne pouvait être négocié qu'à un écu le cent; mais ce même sucre étant renchéri après la paix de Riswick, au point qu'il se vendait jusqu'à cinq et six livres le cent, les fermiers des domaines du roi obtinrent que toutes les pensions du clergé fussent fixées à quatre livres dix sous le cent de sucre, tandis que ces mêmes fermiers exigeaient six livres par cent pour les droits de capitation, etc. Ce fut un nommé *la Brunclière*, insigne maltôtier s'il en fut jamais, qui donna cet avis à ses maîtres. Par bonheur pour les îles, sa commission ne dura que deux ans; mais le départ de cet honnête homme n'a pas remédié aux maux qu'il a causés, car depuis ce temps-là les pensions sont payées sur le même pied.

Dans l'état que je fis de ma paroisse je ne me contentai pas de savoir le nombre des âmes qui la composaient, j'observai encore les productions du pays. Je trouvai donc que je n'avais que cinq habitations où l'on fît du sucre. Tous mes autres paroissiens s'occupaient à la culture du *roucou*, de l'*indigo* et du *cacao*. Ils faisaient de la *farine de manioc*, et élevaient des bestiaux et des volailles, ce qui produisait de l'argent comptant.

Le *roucou* est une teinture rouge qui sert à mettre en première couleur les laines blanches que l'on veut teindre. Elle provient d'une pellicule rouge qui couvre de petites graines blanches et rondes dont est rempli le fruit du *rocouier*, arbre qui vient par toute l'Amérique. Il est pour l'ordinaire de la grosseur d'un prunier, mais beaucoup plus touffu; il porte deux fois l'année, et ressemble assez, par ses fleurs, aux roses sauvages ou bâtardes. On connaît que la graine est mûre quand la gousse qui la renferme s'ouvre d'elle-même. Alors on la cueille et on la prépare.

On faisait autrefois beaucoup d'indigo dans la paroisse du Macouba; il n'y a ni ruisseau ni rivière où l'on ne trouve des indigotières, c'est-à-dire des bacs ou cuves de maçonnerie bien cimentés, où l'on met en digestion la plante dont on tire cette couleur.

L'indigo se compose du sel et de la substance des feuilles, et de l'écorce d'une plante qui porte le même nom. Cette plante croîtrait jusqu'à plus de deux pieds de hauteur si on ne la coupait pas. Dès qu'elle sort de terre elle se divise en plusieurs petites tiges noueuses, terminées par une seule qui fait l'extrémité. Ces feuilles sont ovales, unies, d'un vert brun par-dessus, plus pâles et comme argentées par-dessous; elles sont charnues et douces au toucher. Les branches se chargent de petites fleurs rougeâtres auxquelles succèdent des siliques qui renferment des graines d'une couleur rouge-brune, semblables à peu près à celles des raves. Cette plante demande beaucoup de précautions pour la tenir nette et empêcher les herbes, de quelque nature qu'elles soient, de croître auprès d'elle. Lorsqu'elle est arrivée à sa maturité, ce qu'on reconnaît aux feuilles qui deviennent plus cassantes et moins souples, on la coupe à quelque pouces hors de terre, puis on la travaille. Le bon indigo doit être si léger qu'il flotte sur l'eau; plus il enfonce, et plus il est suspect d'un mélange de terre, de cendre ou d'ardoise pilée. L'indigo se vendait aux îles du Vent, en 1694, depuis 3 liv. 10 s. jusqu'à 4 fr. la livre. Je l'ai vu depuis à un prix bien au-dessous de celui-là.

Le 17 mars je me trouvai à une grande pêche que M. Michel fit faire dans l'anse du Macouba, et le soir j'allai voir mettre *la folle*, c'est-à-dire le filet que l'on tend pour prendre les *tortues*.

Cette pêche se fait de différentes manières : en voici trois le plus en usage dans les îles.

La première est d'observer les tortues quand elles viennent pondre leurs œufs dans le sable, ou seulement reconnaître le terrain où elles veulent pondre. Si on remarque leurs traces sur le sable, il est infaillible que si on vient au même lieu le dix-septième jour après qu'on a fait cette découverte, on y trouve la tortue qui vient pondre. Dans ces deux rencontres on prend la tortue par le côté et on la renverse sur le dos, bien sûr qu'elle ne pourra pas se retourner, car elle a l'écaille du dos plate, et peu propre à se remettre sur pied. Cela s'appelle *tourner la tortue*.

La seconde manière est de les *varrer* quand elles viennent sur l'eau pour respirer. La varre est une gaule ou perche de sept à huit pieds de longueur et d'un pouce de diamètre, à peu près comme la hampe d'une hallebarde, au bout de laquelle se trouve hanté un clou. Quand le varreur est à portée, et que le bout de la corde tenant la hampe est bien attaché au canot, il la frappe et la perce. Dès que la tortue se sent blessée, elle fuit de toutes ses forces en entraînant le canot avec une grande violence. Après qu'elle a bien couru, les forces lui manquent; on la tire peu à peu par la corde, et l'animal mort ou extrêmement affaibli est jeté dans le canot. On trouve des tortues qui pèsent trois cents livres et souvent davantage. C'est une chose étonnante que l'instinct de ces animaux. En quelque endroit de la terre que vous les portiez, tant éloigné qu'il soit de bord de la mer, aussitôt que vous les mettez sur leur ventre ou plastron, elles reprennent leur route, sans hésiter, sans chercher, et par la ligne la plus droite.

La troisième manière de prendre les tortues est avec *la folle*. C'est un filet de soixante, quatre-vingts, ou cent brasses de long, de grosse ficelle de chanvre ou d'écorce de *mahot;* on lui donne deux ou trois brasses de largeur. On met du plomb ou des pierres à un des côtés, et du liége ou autre bois léger à l'autre, afin de tenir le filet étendu et perpendiculaire dans la mer. La tortue venant à terre et trouvant le filet, passe la tête ou une patte dans une maille, et ne trouvant que peu de résistance, parce que le filet obéit, elle s'entortille dedans et se noie. Une tortue d'une grandeur ordinaire, fait jusqu'à deux cent cinquante œufs, de la grosseur d'une balle de jeu de paume, et aussi ronds. Le blanc ne se durcit jamais bien. Le jaune se cuit et se durcit comme celui des œufs de poule; il est très-bon, on en fait des omelettes excellentes. La *tortue franche*, qu'on appelle aussi *tortue verte*, est la seule espèce qui soit véritablement bonne à manger. Le *caret* ne se mange pas; outre sa qualité purgative, son écaille seule est précieuse; elle se vend pour l'ordinaire 4 à 5 francs la livre : c'est ce qu'on appelle en Europe l'*écaille de tortue*.

Quand on leva la folle, nous y trouvâmes deux tortues franches et un caret. Les poissons de mer que nous prîmes à la seine étaient, *des capitaines, des grands-écailles, des chirurgiens, des orphys, des lunes* et *des assiettes*. Quant aux poissons d'eau douce, c'étaient des *mulets*, des *dormeurs*, *des testards* ou *macoubas*, et *des écrevisses*.

Le *capitaine* est assez semblable à la carpe; il a autour du col, cinq rangs d'écailles dorées, et disposées à peu près comme un hausse-col, ce qui lui a fait donner le nom de capitaine.

Le *grand-écaille* est un poisson de deux pieds et demi de long, dont le dos est rond, le ventre gros, et la queue fort large, tout couvert d'écailles de la largeur d'une pièce de trente sous. La chair de ces deux poissons est fort blanche, ferme et grasse.

Le *chirurgien* ressemble assez à la tanche; ce qu'il a de particulier, sont deux arêtes fort tranchantes et plates comme des lancettes placées à côté des ouies : c'est apparemment pour cela qu'on l'appelle chirurgien.

L'*orphy* est un poisson long comme une anguille, mais plus gros, plus charnu, plus carré. Sa peau est d'une couleur bleue, sa chair est blanche, ferme, un peu sèche à la vérité. Il a sur le nez un avant-bec, qui est pour l'ordinaire d'une cinquième partie de la longueur de son corps.

Les *lunes et les assiettes* sont ainsi nommées parce qu'elles sont toutes rondes. Elles n'ont qu'un petit moignon de queue, et le bout du bec qui les empêche de rouler. Leur peau est blanche et comme argentée. Elles ont depuis six jusqu'à huit pouces de diamètre, et un pouce ou environ d'épaisseur. De quelque manière qu'on les accommode, elles sont toujours très-bonnes. Les lunes diffèrent des assiettes, en ce qu'elles ont dessus le dos et sous le ventre, deux grandes moustaches, qui représentent une lune en croissant.

Les *mulets des rivières* sont les muges d'Europe, du moins leur ressemblent-ils, excepté qu'ils sont plus gros et plus gras.

Les *testards* ou macoubas ont la tête large et charnue, le corps rond, la peau noire et fine, la chair blanche, grasse et délicate.

On trouve quantité d'*écrevisses* dans les rivières. Elles ne diffèrent de celles d'Europe que par leurs mordans qui sont plus longs, plus affilés, et plus égaux dans leur longueur. On en fait d'excellentes soupes.

Pendant qu'avec cette pêche nous faisions un très-bon repas, on nous apporta un *lézard* que l'on venait de prendre ; il avait près d'un pied et demi de long, sans compter la queue qui en avait bien davantage. C'était le premier que je voyais, il était vivant, mais lié d'une manière à ne pouvoir s'enfuir ni mordre.

Sa peau toute verte paraissait surdorée; il avait de gros yeux à fleur de tête, qui semblaient étinceler quand on le touchait, et qu'il se mettait en colère. Dans le même temps, il enflait une peau qu'il a sous la gorge, à peu près comme un pigeon qui fait la roue. Les pieds de cet animal sont garnis de cinq griffes. Sa queue est comme un fouet dont il sait bien se servir pour se défendre. Sa morsure est dangereuse, parce qu'il coupe comme un rasoir tout ce qu'il mord. Il a la vie si dure, que cent coup de bâton ne le tueraient pas. L'unique secret pour le faire mourir, sans lui couper la tête, est de lui enfoncer un petit bois, ou une paille dans les narines; aussitôt qu'il est touché dans cet endroit, il répand quelques gouttes de sang et expire. Nous mangeâmes celui dont je parle, accommodé comme une fricassée de poulets; son goût était fort agréable. On les peut garder sept à huit jours en vie; le seul inconvénient qu'il y a c'est qu'ils maigrissent un peu.

Le samedi saint, après la bénédiction des fonts, je baptisai trente-huit adultes, hommes ou femmes. Le dimanche suivant, j'achevai de confesser et de communier les personnes libres de ma paroisse. Après la prédication et l'offertoire, je fis l'offrande, et j'eus lieu d'être surpris de la libéralité de mes paroissiens. J'employai toute cette semaine et une partie de la suivante à faire faire les pâques aux nègres. Leurs maîtres saisirent cette occasion pour m'envoyer les palissades dont j'avais besoin pour clore mon jardin. Je reçus encore dans ce même temps de nouvelles marques de générosité : toutes les femmes de ma paroisse m'envoyèrent des poules et d'autres volailles, de sorte que je m'en trouvai pourvu de plus de cent vingt pièces, avec du *mil* pour les nourrir pendant trois ou quatre mois. Ce mil est ce qu'on appelle en France, blé de Turquie. Je m'avisai d'un petit expédient d'économie qui me fut d'un grand secours dans la suite. Ce fut d'acheter des poules d'Inde, et d'en mettre une dans chaque maison de ma paroisse, où on en élevait. Les femmes qui sont ordinairement chargées de ce soin, s'en acquittaient à qui mieux mieux, de manière qu'en peu de temps, je me trouvai à même de pouvoir en tuer une ou deux chaque semaine.

J'ai dit que le sacristain de mon église demeurait au bord de la mer, et assez près de la rivière; cela me donna la pensée d'acheter des *canes* et des *canards*, que je lui donnai à élever à moitié profit. Ce sacristain, qui était aussi chantre, était Parisien, fils d'un procureur nommé *Rollet;* mais comme ce nom est fameux dans les satires de Boileau, par un fort mauvais endroit, il en avait changé une lettre et se faisait appeler *Rallet.* Le libertinage l'avait fait fuir de la maison de son père; il s'était engagé pour les îles où il s'était marié. Il n'eût pas laissé d'y faire fortune, car il écrivait parfaitement bien, il enseignait les enfans et tenait les livres de quelques habitans, mais il était ivrogne, et sa femme encore plus que lui.

Le samedi 17 avril, j'achevai d'instruire quatorze enfans blancs des deux sexes, et huit ou dix nègres pour leur première communion. Le dimanche, je prêchai sur les dispositions qu'on doit avoir quand on s'approche de la communion. Toute la paroisse en fut édifiée. Le lundi, je baptisai le fils de M. Michel, dont l'épouse était accouchée quelques jours auparavant. Son père le voua à la sainte Vierge, et pour le faire avec plus de solennité, il me pria de chanter la messe, et souhaita que je reçusse les offrandes des assistans. Je trouvai après la messe qu'on m'avait donné trois louis d'or, et six à sept écus en différentes monnaies.

Le dimanche 2 mai, j'allai dîner chez le P. Breton. Nous prîmes en passant le P. Imbert, et nous allâmes coucher au Fonds Saint-Jacques. Le P. supérieur me reçut très-bien, et me témoigna sa joie de ce que j'avais si bien gagné l'estime et l'amitié de mes paroissiens; mais il m'avertit en même temps de ne pas trop m'y attacher, car il se proposait de m'établir à la Guadeloupe.

Le P. Romanet nous dit en soupant qu'il était venu à bout de réconcilier deux personnes que tous les Missionnaires et les curés de Sainte-Marie qui l'avaient précédé, n'avaient pu engager à un accommodement, et que le lendemain elles devaient se trouver dans un lieu neutre et s'embrasser. On le loua beaucoup de son zèle; mais quand nous sûmes que c'étaient deux femmes qu'il prétendait avoir réconciliées, je ne pus m'empêcher de lui prédire que si ces deux femmes se parlaient elles se battraient, et peut-être lui aussi.

Le lendemain nous dîmes la messe de bon matin, et nous attendîmes avec impatience l'arrivée de ces deux femmes, qui devaient passer dans notre savane en venant à la messe. Tous nos Pères se mirent sur un banc au bout du jardin qui domine la savane, pour être spectateurs; pour moi, qui voulais aussi entendre ce qui se dirait, je pris un livre et je fus m'asseoir dans la savane, à peu près vers l'endroit où elles se pourraient rencontrer. Quelque temps après, *la veuve du sieur Birot de La Pommeraye* parut. Le P. Romanet la fut joindre aussitôt, et se mit à l'entretenir en attendant l'autre, qui était la femme du sieur *Gabriel Raffin*. Comme celle-ci venait de plus loin que madame de La Pommeraye, notre très-proche et très-incommode voisine, elle était à cheval; elle en descendit à quelques pas et fut embrasser l'autre. Jusque-là les choses allaient le mieux du monde; mais le P. Romanet, au lieu de prendre la parole, les laissa parler, de sorte que de paroles en paroles elles en vinrent aux injures, et étaient prêtes à se prendre aux cheveux, quand le curé s'avisa mal à propos de leur dire qu'elles manquaient au respect qu'elles lui devaient. Ces mots furent comme un signal pour se réunir toutes deux contre lui, lui chanter injures, et lui reprocher de les avoir commises imprudemment. Craignant que les choses n'allassent plus loin, j'exhortai ces deux femmes à la paix, en leur disant qu'il n'y avait que du mal-entendu dans toutes leurs affaires. Enfin je les appaisai; elle me prirent pour médiateur, puis elle se séparèrent. Je n'ai pas besoin de dire combien le pauvre P. Romanet fut confus, et combien il fut raillé par moi et par nos Pères.

Il y a deux grandes lieues du Fonds Saint-Jacques au bourg de la Trinité; le chemin est assez beau; à deux grands mornes près qui sont fort hauts et fort raides, et d'une terre rouge fort glissante pour peu qu'il ait plu, sans compter la rivière de Sainte-Marie, qui change très-souvent de lit, et qui par conséquent est fort dangereuse quand elle a été débordée ou quand la mer est plus grosse qu'à l'ordinaire. Le port de la Trinité est un grand enfoncement qui forme une longue pointe appelée la *pointe de la Caravelle*, qui a plus de deux lieues de long. Dans ce temps-là ce bourg n'était composé que d'environ soixante à quatre-vingts maisons, partie de bois et partie de roseaux, couvertes de paille. Après que nous eûmes dîné chez le P. Martelli, et visité le bourg et les environs du port, nous retournâmes au Fonds Saint-Jacques.

Le lendemain matin je fus avec le P. Breton travailler au raccommodement des dames Raffin et de La Pommeraye, et nous les prêchâmes si bien toutes deux, qu'elles firent plus que nous ne souhaitions d'elles. Après s'être embrassées elles se jetèrent à genoux l'une devant l'autre, se demandèrent mutuellement pardon, et se jurèrent une amitié éternelle. Depuis elles ont toujours bien vécu ensemble.

Avant de m'en retourner à ma paroisse, j'allai faire quelques visites, entre autres à M. *Lacquant*, autrefois capitaine du quartier de Sainte-Marie; sa femme me fit présent de quelques *abricots* de Saint-Domingue et de quelques avocats; je les fis porter au Macouba afin d'en planter les noyaux dans mon jardin.

Les Français ont donné le nom d'abricot à un fruit qui ne lui ressemble que par la couleur de la chair; l'arbre qui le porte est un des plus beaux que l'on puisse voir; ses feuilles, longues de six à sept pouces, sont d'un beau vert, et à peu près de l'épaisseur d'une pièce de quinze sous; son fruit est presque rond, quelquefois de la figure d'un cœur dont la pointe est émoussée; sa chair est jaune, ferme comme celle d'une citrouille, et d'une odeur aromatique qui fait plaisir. Ce fruit a depuis trois jusqu'à sept pouces de diamètre.

L'avocat est un fruit assez semblable pour la forme et la grosseur à la poire de bon-chrétien. La qualité de sa chair qui se fond d'elle-même dans la bouche, la pourrait faire regarder comme une espèce de pêche. L'écorce qui la couvre est mince, unie et d'un beau vert qui ne jaunit que quand le fruit a atteint toute sa maturité. On le peut manger avec une cuillère comme si c'était de la marmelade. Son goût approche de celui d'une tourte de moelle de bœuf. Il est très-bon pour l'estomac, chaud et fort nourrissant.

Le lundi 10 mai, MM. Roy et Michel vinrent chez moi avec un bon nombre de nègres pour aider les charpentiers. Ceux-ci mirent ma maison sur des rouleaux, et à force de bras on la posa dans le lieu que j'avais marqué. Je fis planter les palissades pour clore le terrain que je voulais mettre en jardin; j'exécutai encore d'autres emménagemens de commodité ou d'agrément. Je me servais souvent de nègres marons, c'est-à-dire fugitifs, qui venaient me prier de les ramener chez leurs maîtres et d'obtenir leur pardon; je les faisais travailler à mon jardin une demi-journée, après quoi je les ramenais à leurs maîtres, bien sûr qu'ils leur pardonneraient à ma considération.

La vigne que l'on a plantée aux îles venant directement de France a eu bien de la peine à s'y naturaliser, et même jusqu'à présent les raisins ne mûrissent pas parfaitement. Le muscat qui est venu de Madère et des Canaries y mûrit bien. Ce que la vigne a d'admirable dans ce pays c'est qu'elle porte du fruit deux fois par an, et quelquefois trois fois en quatorze mois, selon la saison sèche ou pluvieuse. Les ceps que je plantai dans mon jardin ont porté du fruit sept mois après avoir été mis en terre, aussi bien que les figuiers qui viennent de bouture, et qui portent toute l'année, pourvu qu'on ait soin de mettre du fumier au pied et de les bien arroser dans le temps de la sécheresse. On peut avoir des pois verts toute l'année; il ne faut qu'en semer toutes les lunes; en trois mois ils sont bons à manger.

Nous avons aux îles quatre sortes de *jasmins* : *le commun*, comme celui de France, qui n'a que cinq feuilles, et *le double* qui en a dix : ces deux espèces sont blanches. Le *jasmin commun d'Arabie* est rouge; il n'a que cinq feuilles, le double en a dix. Je soupçonne que cette plante est naturelle au pays, car on la trouve partout, même dans les endroits des forêts où il n'est pas probable que les Caraïbes l'y aient plantée.

Les *pommes de liane* sont les fruits de certains osiers, ou, comme on dit aux îles, de certaines lianes qui courent et se multiplient beaucoup. La feuille est d'un très-beau vert, divisée en quatre endroits; la queue qui l'attache à la tige est assez courte; la fleur est violette; les fruits qui y succèdent sont de la grosseur et de la figure d'un œuf, excepté qu'ils sont également pointus par les deux bouts. Leur écorce, verte au commencement, devient jaune quand le fruit est mûr. Elle est remplie d'une liqueur grisâtre, épaisse comme de la gomme détrempée, et remplie de petites semences grises, assez dures et gluantes. Pour manger ce fruit, on fait une ouverture à l'un des bouts, et on suce tout ce qu'il contient, qui semble une gelée sucrée dans laquelle on aurait mis du suc de grenade.

La plupart des légumes à qui on donne dans les îles le nom de *pois*, se devraient appeler des fèves, puisqu'elles en ont la figure. Leurs tiges montent tant qu'on veut et s'attachent partout. Les *pois d'Angole* sont originaires du royaume de ce nom; ils sont bruns et ressemblent assez à nos petites fèves.

Le *bois d'Inde* ou *laurier* vient ordinairement fort grand et fort gros. Son bois est rougeâtre, dur, raide et pesant. Il porte deux fois l'année de petites graines, comme la sixième partie d'une noix muscade, dont l'odeur et le goût est semblable à celui que produiraient le clou de girofle, la canelle et la muscade, s'ils étaient pilés ensemble. Les ramiers, les grives, les perdrix et les perroquets, recherchent ces graines, et leur chair en contracte le goût. On se sert du bois de cet arbre pour faire des rouleaux de moulin, des dents de balancier, des raies de roues et autres ouvrages.

Les *franchipanes rouges et blanches* viennent sur un arbrisseau qui n'a de beau que ses fleurs. Le pied en est assez gros, et jette quantité de branches mal faites et mal disposées. Cet arbrisseau vient de bouture et porte des fleurs toute l'année.

Les *grenadiers communs* viennent fort bien, et sont toujours couverts de feuilles, de fleurs et de fruits. Il y a, comme en Europe, des *grenades douces* et *aigres;* mais les *grenadiers nains* sont les plus beaux arbustes que l'on puisse voir.

L'*oseille de Guinée* est un arbrisseau d'un bois assez

tendre, dont l'écorce est verte et mince. Il vient de sept à huit pieds de hauteur. Ses feuilles sont dentelées et couleur de chair; elles ont le goût, et font le même effet que l'oseille de nos jardins, quoiqu'elles ne lui ressemblent point. Cet arbrisseau porte deux fois l'année des fleurs qui sont en même temps son fruit et sa semence. On en fait aussi une gelée agréable et rafraîchissante.

Les *tubéreuses* viennent sans peine; il semble que les îles soient leur pays natal. On trouve la même facilité dans la culture des herbes potagères.

La graine d'oignon d'Europe ne produit que des ciboules qui viennent très-bien et par grosses touffes. Les échalotes y viennent en perfection, tant pour la grosseur que pour le goût. On cultive de la même manière l'ail et les cignons apportés de Madère. Le cerfeuil, la pinprenelle et le persil y viennent très-vite et très-bien.

Le *pourpier* vient naturellement partout sans jamais y avoir été semé; il y en a du *commun* et du *doré*.

Les *raves*, les *panais*, les *carotes*, les *salsifis* et les *betteraves* y viennent en perfection, surtout quand on sème de la graine née dans le pays. On y cultive aussi des poireaux.

A l'égard des melons de France et d'Espagne, des citrouilles ou giraumons, des concombres, de la laitue, de la chicorée et des pois, j'avais soin de n'en pas manquer.

On sait la difficulté qu'il y a en France de trouver de bons melons, et le danger où l'on s'expose pour peu qu'on en fasse d'excès. Rien de semblable n'arrive aux îles. On les sème en quelque temps que ce soit; toute terre y est propre. Un petit trou fait avec un bâton suffit pour ouvrir la terre et recevoir quatre ou cinq graines de semence qu'on y laisse tomber. On arrose, si le temps est sec, et voilà toute la culture; et cependant il est aussi rare entre cent melons d'en trouver un mauvais, que d'en trouver un bon entre cinquante en France.

Les choux pommés viennent en perfection; je les ai trouvés meilleurs et plus tendres qu'en France.

Bien qu'il ne reste rien à souhaiter pour faire des jardins, il y a cependant très-peu d'habitans qui s'en mettent en peine. Ils s'attachent uniquement au travail de leur habitation; ils comptent sur les herbages que les nègres cultivent sur les lisières des bois, ou dans quelque petit coin de terre qu'on leur laisse; ils portent ce qu'ils cultivent à leurs maîtres, et à ceux qui en veulent acheter.

J'ai parlé jusqu'à présent des herbes potagères qui sont venues d'Europe; en voici trois espèces qui sont originaires de l'Amérique et de l'Afrique.

La première est la *Guimgambo*; elle croit d'ordinaire de la hauteur de cinq à six pieds; ses feuilles qui sont grandes, ridées, rudes et découpées, ressemblent assez à celles de la guimauve. Sa fleur est blanche, tirant un peu sur le jaune, et sans odeur particulière : c'est une espèce de cloche, avec des petites barbes ou étamines de couleur jaune. Les pauvres gens en font cuire le fruit (qui est de la grosseur d'un œuf, et composé de plusieurs côtes) avec la viande. Quand il est jeune, il est bon et donne du goût au bouillon.

La seconde herbe potagère est appelée *moussembey*. Le fruit n'en est pas d'un grand usage; on s'en sert comme du guimgambo, ou *gombo*.

La troisième s'appelle *sacramalou*. Voici un nom bien long pour exprimer peu de chose. C'est une plante qui s'élève à la hauteur de cinq pieds. La tige n'excède guère la grosseur du doigt; elle se charge de plusieurs grappes, comme des panaches de petites fleurs, où le vert, le rouge, le violet et le pourpre sont agréablement mêlés ensemble; elles se convertissent en fruits de la grosseur d'un pois qui renferme dans une peau mince et unie comme celle du raisin, une substance molle, aqueuse, d'une odeur désagréable, au milieu de laquelle est une espèce d'amande assez sèche, qui est la semence de la plante.

La *cassave* et la farine de manioc servent de pain à la plupart des habitans blancs, noirs et rouges de îles; c'est-à-dire aux Européens aux nègres et aux sauvages.

Le *manioc* est un arbrisseau dont l'écorce est grise, rouge ou violette, selon les différentes espèces de bois qu'elle couvre. Il croit jusqu'à la hauteur de sept à huit pieds. Le tronc et les branches sont remplis de nœuds assez près les uns des autres, avec de petites excroissances qui marquent les endroits où étaient les feuilles qui sont tombées. Sa feuille est comme un trèfle allongé. Sa principale racine en pousse trois ou quatre autour d'elle, et jusqu'à six ou sept de différentes grosseurs. L'écorce des racines est de la couleur de celle de l'arbre, mais le dedans est toujours blanc, et de la consistance des navets; il y a des racines qui sont mûres à huit mois. On appelle cet arbre, *manioc blanc* ou *d'osier*. Les autres, comme le *manioc à grandes feuilles*, le *manioc rouge*, *etc.*, ont besoin de quatorze, et même de dix-huit mois, pour avoir toute leur grandeur et leur maturité.

Quand les racines sont parvenues dans cet état, on les tire de terre, ce qui se fait en arrachant l'arbre tout entier; quand elles sont hors de terre, les nègres destinés à cet ouvrage, en grattent ou ratissent l'écorce, et les jettent dans un canot plein d'eau où on les lave bien, puis on les gruge, c'est-à-dire qu'on les réduit en farine, que l'on porte à la presse, pour exprimer tout le suc dont elle est remplie. On regarde ce suc comme un poison. Sa malignité consiste dans sa froideur, qui arrête la circulation du sang, engourdit les esprits, et cause enfin la mort. C'est de la racine ainsi grugée et pressée, qu'on fait la *cassave* et la farine qui servent de pain à presque toute l'Amérique.

Le suc sert à faire de l'amidon, qui devient blanc comme la neige; pour lors on l'appelle *moussache*.

Après avoir parlé du pain, je vais dire un mot des boissons dont on use communément.

L'*ouyocou* est la plus ordinaire dont usent ceux qui

n'ont point de vin. Les Européens ont appris des sauvages à la faire. On se sert pour cela de grands vases de terre grise, appelée *canaris*. On les remplit d'eau; on y jette deux grosses *cassaves* rompues, une douzaine de patates, trois ou quatre pots de sirop de canne, et quelques *bananes* bien mûres et bien écrasées. Tout ce mélange étant fait, on bouche l'ouverture du vase, et on le laisse fermenter durant deux ou trois jours, au bout desquels on lève le marc qui est venu au-dessus, et y a formé une croûte. La liqueur qui est dans le *canaris* ressemble pour lors à de la bière; elle est rougeâtre, forte, nourrissante, rafraîchissante; elle enivre aisément.

Le *maby* est une autre boisson non moins en usage que l'ouyocou : on met dans un canaris vingt ou trente pots d'eau, avec deux pots de sirop clarifié, une douzaine de patates rouges et autant d'oranges sûres, coupées par quartiers. Cette liqueur se fermente en moins de trente heures, et fait un vin clairet, aussi agréable que le poiré, mais il enivre plus facilement que l'ouyocou; il est venteux et donne la colique pour peu qu'on en fasse d'excès.

Les nègres des sucreries font une boisson qu'ils appellent *la grappe.* C'est du jus de canne bien écumé, dans lequel ils mettent le jus de deux ou trois citrons, et le boivent tout chaud.

On fait aussi quelquefois, pour son plaisir, une boisson tirée des *pommes d'acajou*, ou du jus d'ananas, mais elles sont très-capiteuses.

L'*ananas* est un des plus beaux fruits du monde;

son goût et son odeur répondent à sa beauté. Il ressemble à une pomme de pin. Sa tête est couverte d'un bouquet de petites feuilles plus délicates que celles de la tige. Celles qui sont dans le centre sont rouges, elles semblent former une couronne sur le fruit. Quand on coupe cette couronne et qu'on la met en terre, elle porte du fruit au bout de trois ans. Il en est de différentes espèces, toutes fort délicates. On connaît que l'ananas est mûr, quand son écorce commence à jaunir; on le mange cru, après l'avoir pelé et coupé par tranches. Son suc corrode le fer et l'acier, à peu près comme l'eau-forte.

L'eau-de-vie que l'on fait aux îles, avec les écumes et les sirops du sucre, s'appelle *guildive* ou *tafia*. Les sauvages, les nègres, les petits habitans, et les gens de métier n'en cherchent point d'autre, et leur intempérance sur cet article ne se peut dire; il leur suffit que cette liqueur soit forte, violente et à bon marché; il leur importe peu qu'elle soit rude, désagréable et enivrante.

Les Anglais en consomment aussi beaucoup; ils ont inventé en outre deux ou trois sortes de liqueurs, dont l'usage et l'abus sont passés chez nos Français, ardens imitateurs de ce qu'ils voient de mauvais chez nos voisins.

La première s'appelle *sangris;* elle est composée de vin de Madère, de sucre, de jus de citron, d'un peu de canelle et de girofle en poudre, de beaucoup de muscade, et d'une croûte de pain rôtie. Le goût en est agréable, mais elle est très-chaude, et porte aisément à la tête.

La seconde est la *limonade à l'anglaise*. Elle se fait avec du vin de Canarie, dans lequel on met du sucre, du jus de citron, de la canelle, de la muscade, du girofle, et un peu d'essence d'ambre. Cette boisson est aussi dangereuse que délicieuse.

La troisième est le *punch*; c'est, comme on le sait, la boisson favorite des Anglais.

Le jeudi 10 juin, je portai le Saint-Sacrement en procession autour de mon église. Les habitans, et la milice sous les armes, y assistèrent dévotement. Le lendemain nous fîmes enivrer la grande rivière, à près de mille pas au-dessus de son embouchure; nous y prîmes quantité de beaux poissons, et surtout de très-grosses anguilles. On se sert pour enivrer les rivières, des racines et des feuilles d'un arbre qui n'a point d'autre nom que celui de *bois à enivrer*. C'est un bois d'environ six pieds, mal fait et tors, quoiqu'il soit assez dur; il n'est bon qu'à brûler, encore les nègres ne s'en servent-ils pas à cause de la qualité qu'il a d'enivrer le poisson. Pour en faire ce dernier usage, on en prend l'écorce et on la pile avec les feuilles, puis on la mêle avec de la chaux-vive. Pendant qu'on est occupé à piler ces drogues, on barre le lit de la rivière en divers endroits avec des pierres et des broussailles, et on jette cette composition dans la rivière à trois ou quatre cents pas au-dessus du premier endroit qu'on a barré. Tout le poisson qui se trouve dans cet espace, boit cette eau, s'enivre, vient sur l'eau, se jette à terre, heurte contre les pierres, et s'arrête à la barre. Nous mangeâmes notre pêche sur le bord de la rivière, où nous dînâmes; c'est une partie de plaisr qu'on fait assez souvent dans les îles, et qui a ses agrémens.

On me fit manger des *vers palmistes*. C'est un insecte qui se produit dans le cœur de cet arbre quand il est abattu. Ces vers sont de la grosseur du doigt, et d'environ deux pouces de longueur: je ne puis mieux les comparer qu'à un peloton de graisse de chapon, enveloppé dans une pellicule fort tendre et fort transparente. On les enfile dans une brochette de bois, et on les tourne devant le feu; quand ils commencent à s'échauffer, on les saupoudre avec de la croûte de pain rapée, mêlée avec du sel, un peu de poivre et de muscade. Quand ils sont cuits, on les sert avec un peu de jus d'orange ou de citron. C'est un très-bon manger et très-délicat, quand on a une fois vaincu la répugnance qu'on éprouve pour l'ordinaire à manger des vers, surtout quand on les a vus vivans.

Le *palmiste* est un arbre fort commun dans toute l'Amérique; il vient droit comme une flèche, et haut assez souvent de plus de trente pieds. Ses feuilles ou ses branches sont tout comme une gerbe à sa cîme, et le couronnent. On emploie ces arbres à trois sortes d'usages. On s'en sert pour se nourrir, pour se loger, et pour faire des cordes, des corbeilles, des nattes, des lits et autres nécessités d'un ménage.

Quand le palmiste est abattu, on coupe sa tête, et après qu'on en a ôté l'extérieur, on trouve le cœur de l'arbre, ou pour mieux dire des feuilles, non encore écloses, pliées comme un éventail, et serrées les unes contre les autres, blanches, tendres, délicates, et d'un goût approchant celui des culs d'artichaux. On les appelle en cet état *choux palmistes*. On les mange crus, ou bien on les accommode de différentes manières.

Le second usage auquel on emploie les palmistes, est pour bâtir des maisons et les couvrir. Quant au troisième, j'en ai parlé ci-dessus.

On trouve à la Martinique et en quelques autres îles les plus belles *grenouilles* du monde. On les appelle crapauds, parce qu'elles sont vêtues comme les crapauds d'Europe, c'est-à-dire de gris avec des taches ou raies jaunes et noires. Elles ne se tiennent pas dans l'eau, mais dans les bois où elles croassent très-fort toute la nuit. J'en ai vu dont le corps seulement avait plus d'un pied de long. Tout en elle est bon hors la tête. On les accommode en fricassée de poulet. Les serpens et les couleuvres leur font une guerre continuelle.

Etant un jour dans les bois, j'entendis une grenouille qui criait de toutes ses forces. Les nègres qui étaient avec moi me dirent qu'assurément elle était poursuivie par un serpent; je préparai mon fusil; mais nous reconnûmes un instant après que c'était une couleuvre qui poursuivait la grenouille, et qui la prit à six ou sept pas de nous. Je ne tirai pas sur la couleuvre, car elle n'a point de venin, outre qu'elle est ennemie du serpent et lui fait la guerre pour le manger. C'est pour cette raison qu'on ne lui fait jamais de mal. On distingue aisément la couleuvre d'avec le serpent; la première a la tête longue et ronde comme une anguille; le second l'a plate et presque triangulaire. Quand ces deux animaux se battent ils ne visent qu'à se prendre la tête l'un à l'autre, car celui qui y réussit étouffe son ennemi dans le moment et achève de l'avaler en le suçant. Il arrive souvent que le serpent donne quelque coup de croc à la couleuvre, qui aussitôt va se frotter à une herbe qu'on appelle *la malnommée*, herbe fine, pointue, assez douce au toucher, mais fort âpre au goût. On en trouve presque partout. Cet attouchement guérit la couleuvre et la fait revenir sur-le-champ au combat. Cette herbe entre dans la composition du remède dont on se sert pour la morsure du serpent, et je crois que c'est la principale.

Il y a à la Dominique une espèce de serpent qui n'a point de venin. On les appelle *têtes-de-chien*, parce qu'ils ont la tête fort grosse et courte, et qu'ils mordent. Ils font une guerre continuelle aux rats et aux poules.

Ces diverses espèces de serpens montent sur les arbres pour manger les petits oiseaux dans le nid, ou pour se mettre au sec dans le temps de pluie. Quand les oiseaux voient un serpent dans l'arbre, ils volent autour de lui en criant comme des désespérés, et si quelque personne se trouve auprès de l'arbre, bien loin de s'effaroucher, ils viennent autour d'elle, s'approchent, crient et semblent demander du secours contre leur ennemi. On ne manque guère de leur rendre service en cette occasion en tuant le serpent. C'est un vrai plaisir de voir la joie de ces petits animanx quand ils aperçoivent le serpent étendu à terre. Ils voltigent autour de lui, crient, lui donnent des coups de bec, et s'approchent de ceux qui l'ont tué, comme s'ils les voulaient remercier. J'ai eu plusieurs fois ce divertissement.

Le jeudi 17 juin, jour de l'octave du Saint-Sacrement, je fis la procession comme le jeudi précédent avec les mêmes cérémonies. A la fin de la messe, je me sentis tout d'un coup attaqué d'un violent mal de tête, comme si j'y eusse reçu un coup de marteau; en quittant mes ornemens, il me prit une si grande douleur de reins, qu'on fut obligé de me porter à la maison et de me deshabiller. Ces deux maux s'étant trouvés accompagnés d'une fièvre horrible, symptômes les plus ordinaires du mal de Siam, on y apporta sur-le-champ les remèdes convenables, dont le premier fut de me saigner au pied, pour empêcher le transport au cerveau. MM. Michel, le Roy, Dauville et autres, eurent de moi un soin tout particulier, ainsi que leurs femmes. Le chirurgien de la Basse-Pointe, nommé *La Serre*, ne me quitta point pendant cinq jours. Après Dieu je leur dois la vie, ainsi qu'au sieur *Sigaloni*. Celui-ci avait exercé autrefois la chirurgie, mais étant devenu riche, il ne la pratiquait plus que pour ses amis. Trois jours après j'eus une crise qui décida de mon sort. Le quatrième la fièvre me quitta, je commençai à dormir, et le jeudi suivant il ne me restait de ma maladie qu'une extrême faiblesse, qui disparut bientôt au point que le samedi 3 juillet, je chantai la messe et je prêchai. Tous mes paroissiens me vinrent féliciter, et le lendemain je fus remercier tous ceux qui m'avaient visité et donné leurs soins.

Le dimanche 8, je fis marché avec un menuisier de la Grande-Anse, nommé *Dubuisson*, pour palissader l'augmentation de ma maison qui venait d'être achevée, et autres ouvrages. C'était un créole, assez bon ouvrier, mais si glorieux et si fantasque qu'il n'y avait pas moyen de le contenter. Il demeura au logis pendant un mois, et ce mois me parut une année.

Il y avait quelque temps que M. Michel m'avait fait présent d'un petit *nègre-mine*, c'est-à-dire originaire du royaume de *la Mine*, sur la côte méridionale de l'Afrique, âgé de douze à treize ans. Il est vrai qu'il était malade quand il me le donna, mais les soins que j'en avais fait prendre l'avaient rétabli en parfaite santé. L'autre nègre s'aperçut un jour que ce petit garçon mangeait de la terre; il m'en avertit. Je fis tout ce que je pus pour l'en empêcher, mais en vain; c'était la mélancolie qui le portait à cet excès. Les nègres de Mine y sont fort sujets; ils se pendent dans la persuasion où ils sont qu'après leur mort ils retournent dans leur pays. Je ne sus le chagrin du mien que quand il n'était plus temps d'y remédier. Il avait un frère qui appartenait à un de mes voisins. Le mien mourut le premier; son frère le suivit peu de jours après. Quand je le reprenais de ce qu'il se faisait ainsi mourir, il se mettait à pleurer; il disait qu'il m'aimait, mais qu'il voulait retourner chez son père. Je l'avais instruit et baptisé; mais je ne pus jamais lui ôter cette fantaisie.

Cette mélancolie noire qui porte les nègres à manger de la terre, des cendres, de la chaux et autres choses de cette nature, est ordinaire aux sauvages. Elle est encore commune parmi nos créoles, et surtout aux filles qui ont du penchant pour le dernier sacrement. Dans cet état elles mangent mille ordures. J'en ai connu qui auraient mangé plus de papier et de cire d'Espagne qu'on n'en emploie dans les bureaux d'un secrétaire-d'état. Le meilleur remède qu'on y peut apporter, dès qu'on s'en aperçoit, c'est de les marier.

Je reçus le dimanche matin 29 août, une lettre de M. l'intendant qui me priait d'aller au Cul-de-sac Robert, avec le P. Martelli et M. Joyeux, capitaine de milice, afin de chercher un lieu commode pour bâtir une église et un presbytère, et placer un bourg dans ce quartier-là. J'y allai donc, et nous fixâmes le nouvel établissement à l'extrémité de la savane de M. *Monel*, conseiller honoraire au conseil. M. Monel était Picard, et il avait conservé religieusement l'accent et les manières de son pays, quoiqu'il en fût absent depuis un grand nombre d'années. Il était chirurgien quand il vint aux îles; sa fortune avait commencé par l'achat qu'il fit de dix à douze négresses malades qu'un bâtiment négrier lui laissa presque pour rien, parce qu'on ne croyait pas qu'elles eussent quatre jours à vivre. Cependant il eut assez d'habileté ou de bonheur pour les guérir, et elle se trouvèrent si fécondes, qu'elles lui ont produit une infinité d'enfans; de sorte que les trois sucreries qu'il avait, et quelques autres établissemens, étaient toutes garnies de nègres créoles les plus beaux de l'île. M. Monel et son fils firent inutilement tous leurs efforts pour empêcher que l'établissement de la nouvelle église ne se fît sur leur terrain. Le gouverneur et l'intendant approuvèrent notre choix, et on élut M. Monel, le père, pour premier marguillier, dès que l'église fut bâtie.

Le jeudi suivant nous partimes du Cul-de-sac Robert, et nous allâmes coucher chez M. Joyeux. Cette fois nous passâmes à gué la rivière des Gallions, tandis que quand nous étions venus nous l'avions passée dans un canot. Quoiqu'en disent certains philosophes, il y a sous les tropiques flux et reflux de la mer, comme en Europe, suivant les différentes situations de la lune.

Ce qui rend le passage de la rivière des Gallions dangereux, outre sa profondeur et le refoulement des eaux de la mer pendant le flux, ce sont les *requins* et les *becunes* qui s'y trouvent très-fréquemment. J'ai déjà parlé du requin.

Pour la *Becune*, c'est une espèce de brochet de mer, vif, gourmand, vorace, hardi au-delà de l'imagination. On en a vu dans cette rivière de dix-huit à vingt pieds de longueur, et de la grosseur d'un cheval. On prend beaucoup de becunes à la senne et à la ligne, mais ce sont des petites, c'est-à-dire depuis un pied et demi jusqu'à trois pieds de longueur. C'est un très-bon poisson, mais il n'en faut pas manger sans précaution, car il est sujet à s'empoisonner et à empoisonner ceux qui le mangent quand il est en cet état. Comme il est extrêmement vorace, il mange goulument tout ce qui se rencontre dans l'eau et dessus, et il arrive très-souvent qu'il avale des *galères* ou des pommes de *mancenilier*, qui sont des poisons très-violens et très-caustiques. La becune n'en meurt pas quoiqu'elle en mange, mais sa chair contracte le venin, et fait mourir ceux qui la mangent comme s'ils avaient mangé de ces méchantes pommes ou de ces galères.

La *galère* ne paraît sur la surface de la mer que comme un amas d'écume transparente, remplie de vent comme une vessie peinte de plusieurs couleurs, où le bleu, le rouge et le violet dominent. C'est pourtant un poisson plein de vie, dont le corps, composé de cartilages et d'une peau très-mince, se remplit d'air qui le soutient sur l'eau et le fait flotter au gré du vent et des lames. Le poison de cet animal est si caustique, si violent et si subtil, que s'il touche la chair de quelque animal que ce soit, il y cause une inflammation et une douleur aussi pénétrante que si cette partie avait été arrosée d'huile bouillante. Ce que ce poison a de particulier, c'est que la douleur que cause son attouchement croît à mesure que le soleil monte sur l'horizon, et diminue à mesure qu'il descend. On ne peut y appliquer d'autre remède que la patience.

La pomme de *mancenilier* est tout-à-fait semblable à la pomme d'apis, pour la couleur, la grosseur et l'odeur. Pour le goût, je n'en dirai rien, ma curiosité n'a pas été jusqu'à en faire l'expérience. Ce qu'il y a de certain c'est que ce fruit est un caustique des plus puissans. L'arbre qui porte ces dangereuses pommes ressemble au poirier. Sa feuille est la même, ainsi que son écorce, qui n'a d'autre différence que d'être plus épaisse et remplie d'un lait blanchâtre, visqueux et corrosif. Cet arbre croît au bord de la mer et des rivières; il est rare de le trouver dans des terres éloignées de l'eau. Les Caraïbes se servent de son lait pour empoisonner leurs flèches. Le suc d'une certaine plante appelée par les Caraïbes *touloula*, et par les Français *herbes aux flèches*, est, dit-on, le seul remède contre les plaies faites par les flèches empoisonnées avec le suc de mancenilier.

Avant d'arriver au bourg de la Trinité, nous allâmes à l'habitation de M. *Dubuc l'Étang*, située sur le morne qui sépare le Cul-de-sac de la Trinité d'avec la rivière du Gallion. M. Dubuc l'Etang avait un frère nommé *Balthasar Dubuc*, marié à une des filles de M. Monel. Ils sont enfans de M. Pierre Dubuc, dont l'habitation était au-dessus du bourg de la Trinité. C'était un des premiers habitans de la Martinique, et d'une bonne famille de Normandie. Dès l'âge de quatorze ans ses parens le firent servir dans le régiment du grand-maître Etant revenu en son pays, il eut querelle avec un homme de qualité appelé le *chevalier de Piancourt;* ils se battirent, et le chevalier étant resté mort sur la place, le sieur Dubuc, qui n'avait pas encore dix-huit ans, fut obligé de se sauver, et arriva à Saint-Christophe, puis il vint à la Martinique avec M. Du Parquet. Il s'établit au Cul-de-sac de la Trinité où il fit la première sucrerie. Sa bravoure le fit distinguer en différentes occasions, ainsi que ses enfans, dont l'aîné, *Jean Dubuc*, doit être considéré comme le conservateur de la colonie de la Martinique et des autres îles. Le roi, pour reconnaître les services de cette famille, accorda, en 1701, des lettres de noblesse à M. Pierre Dubuc.

Je parlerai des autres familles des îles à mesure que l'occasion s'en présentera, et je tâcherai de rendre à chacun la justice qui lui est due. J'ai demeuré assez long-temps dans le pays pour être bien informé de tout, et ne pas ajouter foi trop légèrement aux Mémoires qu'on pourrait m'envoyer.

Après dîné nous descendîmes au bourg de la Trinité. Nous fûmes voir M. *de Mareuil*, lieutenant de roi de l'île, commandant à la Cabesterre. Il approuva le choix que nous avions fait au Robert. M. *de Mareuil* était d'Amiens, son nom est *le Courreur*. Il avait un frère aîné qui était établi à Saint-Christophe avant que le cadet vînt aux îles. Celui-ci fut d'abord employé à conduire les travaux qu'on faisait en cette île-là; il monta de cet emploi à celui de capitaine de la marine, et devint enfin lieutenant de roi à la Martinique. Ayant amassé du bien, il ne négligeait rien pour l'augmenter. Il avait épousé une des filles du sieur *Piquet de la Calle*, commis principal; et comme intendant de la compagnie de 1664, M. de Mareuil se disait gentilhomme, et prétendait que son grand'-

père avait été ennobli par Henri IV, pour les services qu'il avait rendus à la reprise d'Amiens.

Je fus coucher au Fonds Saint-Jacques, et le lendemain matin je me rendis chez moi. Ce voyage m'avait fait plaisir, outre les connaissances que j'acquis des lieux où je n'avais pas encore été. Mon menuisier ayant fini les ouvrages de ma maison, je le payai et le congédiai. Je commençai alors à goûter le plaisir du repos. Mon jardin m'occupait quelque temps le soir et le matin. Je m'appliquai à mettre en ordre les leçons de mathématiques que j'avais enseignées à Nancy, pour en faire un cours abrégé. Cela, avec la visite des malades, mes exercices spirituels, mon étude, et un peu de promenade le soir, partageaient tout mon temps, et me le faisaient passer le plus agréablement du monde.

Le jeudi 4 novenbre 1694, nos Pères et moi nous nous réunîmes au Fonds Saint-Jacques, où le P. Cabasson, supérieur de la Mission de la Martinique, qui nous avait convoqués, nous fit part de la mort du R. P. Camuels, notre supérieur-général. Il était décédé à l'île Saint-Thomas, où il était aller chercher un embarquement pour Saint-Domingue. Il fut attaqué du mal de Siam, qui l'emporta en cinq jours. Comme le P. Camuels n'avait point nommé son successeur, nous résolûmes de reconnaître pour supérieur-général le P. Cabasson, en attendant que le général de tout l'ordre y eût pourvu. Le vendredi nous fîmes un service solennel pour le repos de l'âme du P. Camuels, et je rentrai chez moi le samedi après dîné. Ce fut dans ce voyage que je trouvai le pauvre Guillaume Massonier, que j'avais amené de Paris jusqu'à La Rochelle, malade d'une grosse fièvre causée en partie par le chagrin qu'il avait de son état d'*engagé*, et par des ulcères que les chiques lui avaient faites aux pieds. Je le fis porter chez moi, où il recouvra sa santé, et à ma prière, nos Pères eurent la bonté de le dispenser du reste de son engagement. Dès qu'il fut libre je le plaçai chez M. du Roy, et Dieu a tellement béni son travail, que quand je suis parti des îles il était fort à son aise. Je puis dire que j'ai commencé sa fortune; mais je dois aussi ajouter qu'il en a eu toute la reconnaissance possible. Nous vivons dans un siècle où l'on voit peu d'exemples semblables. Je l'ai rapporté ici pour lui rendre justice, et pour exciter les autres à l'imiter.

Il y avait dix mois que j'étais à la Martinique sans avoir pu contenter l'envie que j'avais de voir des Caraïbes, car je ne m'y étais jamais rencontré quand il en était venu à Saint-Pierre. Enfin le 15 novembre je satisfis ma curiosité.

Ils étaient quarante-sept personnes dans les deux bâtimens qui les avaient apportés de la Dominique. La taille des hommes est pour l'ordinaire au-dessus de la médiocre. Ils sont tous bien faits et bien proportionnés, les traits du visage assez agréables; il n'y a que le front qui paraît un peu extraordinaire, parce qu'il est fort plat et comme enfoncé. Ils ne naissent point ainsi; mais au moyen de planches ils forcent la tête de l'enfant à prendre cette figure. Ils ont tous les yeux noirs et petits, les dents fort belles, blanches et bien rangées; les cheveux noirs, plats, longs et luisans. A l'égard de la couleur elle est naturelle; mais pour le lustre, c'est l'effet de l'huile dont ils ne manquent jamais de les frotter tous les matins. Pour le teint, il est difficile d'en juger, car ils se peignent tous les jours avec du *roucou* détrempé dans de l'huile de *carapat* ou palma-christi, ce qui les fait ressembler à des écrevisses cuites. Cette couleur leur sert d'habillement, conserve leur peau contre l'ardeur du soleil, et les défend des piqûres des moustiques et des maringouins. Tous les hommes avaient une petite corde autour des reins qui leur servait à porter un couteau flamand, sans gaine, qu'ils passent entre cette corde et leur cuisse, et à soutenir une bande de toile de cinq à six pouces de large qui couvre en partie leur nudité, et qui pend négligemment jusqu'à terre.

Les enfans mâles de dix à douze ans n'aaient sur le corps que cette petite corde, sans bande de toile, destinée uniquement à soutenir leur couteau, qu'ils ont cependant plus souvent à la main qu'à la ceinture, aussi bien que les hommes.

Les femmes sont plus petites que les hommes, assez bien faites et grasses. Elles ont les yeux et les cheveux noirs, le tour du visage rond, la bouche petite, les dents fort blanches, l'air plus gai, plus ouvert et plus riant que les hommes; avec tout cela elles sont fort réservées et fort modestes; elles sont *roucouées*, ou peintes de rouge, comme les hommes. Leurs cheveux sont attachés derrière le dos avec un cordon de coton. Leur nudité est couverte d'un morceau de toile de coton ouvragé et brodé avec de petits grains de rassade ou émail peint de différentes couleurs, garni par le bas d'une frange d'environ trois pouces de hauteur. Ce *camisa*, c'est ainsi qu'on appelle cette couverture, a huit à dix pouces de long, sur quatre à cinq pouces de haut, non compris la hauteur de la frange. Il y a à chaque bout une petite corde de coton qui le tient lié sur les reins. Ces femmes avaient au col plusieurs colliers de rassade de différentes couleurs, et des bracelets de même espèce, avec des pierres bleues enfilées qui leur servaient de pendans d'oreilles.

Ce que les femmes ont de particulier, c'est une espèce de brodequin de coton qui leur prend un peu au-dessus de la cheville du pied, et qui a environ quatre à cinq pouces de hauteur. Dès que les filles ont atteint l'âge de deux ans, on leur donne la *camisa* au lieu de la ceinture de rassade qu'elles avaient porté jusqu'alors; et leur mère ou quelques-unes de leurs parentes leur font les brodequins aux jambes; elles ne les ôtent jamais, ce qu'elles ne pourraient faire, car ils sont travaillés sur le lieu où ils doivent toujours demeurer. Leur épaisseur les fait rester debout.

Lorsque les filles ont ces deux pièces d'ajustement, la camisa et les brodequins, elles ne vivent plus avec les garçons dans la même familiarité qu'auparavant. Parmi eux les parens épousent leurs parentes, sans qu'elles puissent les refuser; excepté cependant un frère sa sœur, et une mère son enfant. Les Caraïbes regardent leurs femmes comme leurs servantes, et ils peuvent en avoir plusieurs. Il est inouï qu'une femme mange avec son mari, ni même en sa présence. Qu'on juge du reste par cet échantillon.

Les armes de ces messieurs étaient des arcs, des flèches, un bouton et le couteau. Ils sont ravis quand ils peuvent avoir un fusil. Les arcs dont ils se servent ont six pieds ou environ de longueur; ils les font ordinairement d'un bois brun mélangé de rouge. Ce bois est pesant, compact et fort raide; ils le travaillent très-proprement. Leurs flèches sont faites de la tige que les roseaux poussent tous les ans quand ils voulent fleurir. Elles ont environ trois pieds et demi de longueur avec la pointe qui y est entée, et fortement liée avec du fil de coton. Cette pointe est de bois vert, et coupée par de petites hoches qui l'empêchent de sortir du corps où elle est entée; ces flèches sont ordinairement empoisonnées quand les Caraïbes vont à la guerre. Elles ne le sont point quand ils s'en servent pour la chasse des oiseaux ou pour la pêche.

Le *bouton* est une espèce de massue d'environ trois pieds et demi de long, épaisse dans toute sa longueur, excepté à la poignée, où son épaisseur est un peu moindre. Elle est d'un bois très-dur et fort pesant. Ils y gravent différens compartimens, et la couvrent de plusieurs couleurs. Il n'y a point de coup de bouton qui ne casse un bras ou une jambe, ou qui ne fende la tête en deux parties, car ils se servent de cette arme avec beaucoup d'adresse et de force.

Les hommes ont aussi leurs ajustemens; ce sont les *caracolis* et leurs plumes. Le caracolis est à la fois le nom de la chose et du métal dont elle est composée. Ce métal vient de la terre-ferme; on prétend que c'est un mélange d'argent, de cuivre et d'or. Ils en ont ordinairement un à chaque oreille; sa forme est celle d'un croissant. Ils en portent un autre à l'entrée des deux narines, qui leur bat sur la bouche, et un autre au-dessous de la lèvre inférieure; enfin un cinquième qui leur pend sur la poitrine.

Les Caraïbes sont les plus indifférens des hommes, excepté dans trois choses. C'est d'abord dans ce qui regarde leurs femmes; ils en sont si jaloux, qu'ils la tuent sur le moindre soupçon. Ils sont vindicatifs, et sur cet article, il n'y a guère de gens au monde plus vifs et plus actifs à chercher l'occasion de se venger dès qu'ils ont été une fois offensés; en troisième lieu, ils ont une passion effrénée pour l'eau-de-vie et les autres liqueurs fortes; ils donnent tout ce qu'ils ont pour en avoir et en boivent jusqu'à l'excès. Hors ces trois points, tout le reste du monde n'est pas capable de les émouvoir.

Lorsque les Caraïbes se mettent en mer pour quelque expédition de guerre, ils ne conduisent avec eux qu'une ou deux femmes par bâtiment, pour faire la cassave, et les roucouer; mais quand ils font des voyages de plaisir ou de commerce, ils mènent leurs femmes et leurs enfans, et outre leurs armes, qu'ils n'oublient jamais, non plus que leurs hamacs, ils portent avec eux tous les ustenciles de leur ménage.

Pour faire leurs paniers qu'on appelle *paniers caraïbes*, ils se servent de queue de *latanier*, ou de roseaux. Le *latanier* est une espèce de palmiste : il vient fort haut et fort droit, et également gros partout. Sa tête est enveloppée d'une grosse toile naturelle, rude et raboteuse, de laquelle sortent quinze, vingt et quelquefois jusqu'à quarante branches toutes droites, vertes, lisses, sans nœuds, et assez souples, de trois à quatre pieds de longueur, qui portent à leur extrémité une feuille plissée, qui, venant à s'épanouir, se partage en plusieurs pointes, semblables à une étoile à plusieurs rayons. C'est de ces queues que les Caraïbes se servent pour faire leurs paniers et leurs petits meubles.

Au commencement du mois de décembre, le supérieur de notre Mission me chargea d'aller au Cul-de-sac François, pour voir l'endroit qui serait le plus commode pour bâtir une église et un presbytère. Ce quartier commençait à se peupler.

Le sieur *Delavigne-Granval*, capitaine des milices de ce quartier, pressait beaucoup pour qu'on fît cet établissement, mais il ne se pressait guère d'y contribuer. Un autre officier fort riche, appelé le sieur *Dubois-Jourdain*, qui avait une sucrerie, et qui en faisait faire encore une autre; et un Provençal nommé *Saffren*, sollicitaient sans cesse l'intendant et notre supérieur d'y établir un curé. Tous vouloient la paroisse dans le voisinage de leurs habitations, mais pas un ne la vouloit sur son terrain. A la fin le sieur *Joyeux* offrit de donner l'emplacement nécessaire, à condition d'avoir le premier banc dans l'église, et de n'être point obligé de contribuer pour la construction des bâtimens.

Le terrain étant choisi, je repartis pour la Trinité avec M. Joyeux, dans un canot qui lui appartenait. Quand nous fûmes aux trois quarts du *Cul-de-sac Robert*, nous fûmes surpris d'un coup de vent d'ouest si violent, que si nous n'eussions trouvé la

Pointe à la Rose, je ne sais ce qui serait arrivé de nous. Cette pointe est un cap qui forme le côté oriental du Cul-de-sac Robert. Un *Caraïbe* qui y demeure en a pris le nom, ou lui a donné le sien, je ne sais pas bien lequel des deux. Cette pointe nous fut d'un grand secours; nous y échouâmes notre canot, et nous entrâmes dans *le carbet du sieur Larose*. A la peur près, je ne fus pas très-fâché de cette aventure, qui me donnait le moyen de voir les Caraïbes dans leurs maisons, après les avoir vus dans leurs pirogues.

Les maisons des Caraïbes s'appellent *carbets* : je ne connais point l'étymologie de ce nom. Je n'ai jamais entendu dire que dans toute la Martinique, il y en eût d'autre que celui de Larose. Le vent s'étant calmé, je retournai à ma paroisse.

Le 1er jour de l'an, 1695, je reçus les complimens de mes paroissiens, et des présens de la plus grande partie. On me donna entre autres choses une chèvre, ou, comme on dit aux îles, une *cabrite*. Je priai M. Michel de la souffrir dans sa savane avec les siennes. Elle aurait peuplé toute une île, tant elle était féconde, car elle faisait trois portées en treize ou quatorze mois, et trois ou quatre petits à chaque portée. Les chevreaux ou cabritons des îles, châtrés lorsqu'ils sont encore au lait, sont très-estimés; leur chair est tendre, délicate, grasse, et de très-facile digestion.

Le dimanche, après le service, je partis pour le Mouillage, où j'arrivai d'assez bonne heure pour faire mes complimens à l'intendant, au gouverneur, aux communautés religieuses, et à mes amis particuliers.

Le supérieur et moi, nous nous embarquâmes sur les trois heures après minuit, dans le canot de Louis Galère, et à sept heures nous arrivâmes à Fort-Royal. Nous allâmes dire la messe aux Capucins, et prendre le chocolat chez M. Houdin; et en attendant qu'on pût voir M. le Général, je m'occupai à visiter l'église, et à parcourir cette nouvelle ville. Le rues sont tirées au cordeau et bordées de maisons, dont quelques-unes qui étaient en maçonnerie, menaçaient ruine, parce que tout le terrain où la ville est située est un sable mouvant dans lequel plus on creuse et moins on trouve de solidité. On prétend même avoir expérimenté que pour bâtir avec quelques sorte d'assurance, il fallait mettre le mortier et les premières assises sur une certaine herbe courte en manière de chiendent, dont ce terrain est tout couvert. On n'a pas cru devoir suivre cette observation en bâtissant l'église qui est un bâtiment d'environ cent trente pieds de longueur, sur trente pieds de large. Le dedans était peu orné et fort mal propre, et pour la disgracier encore davantage, on y a fait un portail de pierre de taille grise, dont les joints de plus d'un pouce, sont remplis d'un mortier bien blanc, qui est terminé en pointe, comme le comble, sans amortissemens et sans ornemens. Avec tout cela il ne manque pas de gens qui en ont envie et qui se donnent assez de mouvement pour en débusquer les Capucins qui la désservent.

Sur les neuf heures nous allâmes saluer M. le Générale. Il nous reçut très-bien, il approuva ce qu'on avait fait au Cul-de-sac François, pour l'établissement d'une nouvelle paroisse, et nous promit de concourir avec l'intendant à tout ce qui serait nécessaire. Malgré nos excuses, il nous retint à dîner; et à quatre heures nous retournâmes au Mouillage. Le mercredi suivant je fus dîner chez moi.

Quelque temps après, j'eus avis qu'on avait jugé au conseil supérieur de l'île, qui s'assemble au Fort-Royal, un procès où j'avais quelque intérêt: voici le fait. Un certain Européen, nommé *Dauphiné*, qui était aux îles depuis cinq ou six ans, après avoir servi fort long-temps sur les galères, s'était amouraché d'une mulâtresse de mon voisin, le sieur du Roy; il y en avait des effets. Il prétendait l'épouser; mais comme une esclave ne peut se marier sans le consentement de son maître, et que les maîtres ne donnent jamais ces sortes de permissions à moins qu'on ne leur paie leurs esclaves, ce Dauphiné était fort embarrassé; il crut que le plus court était d'enlever la mulâtresse, et de l'épouser, après quoi il espérait que M. du Roy serait obligé de la lui céder, au moins pour peu de chose. La mulâtresse disparut donc, et l'on fut cinq à six mois sans savoir ce qu'elle était devenue. On apprit enfin que Dauphiné l'avait épousée. Celui-ci avec sa prétendue femme, furent emprisonnés, et le P. Vire, capucin, qui les avait mariés, fut mis en cause. Le conseil réprimanda le capucin, et annula le mariage; il ordonna que la mulâtresse serait remise à son maître, et Dauphiné, condamné à l'amende et aux dépens.

Dauphiné prit la peine de ramener lui-même la mulâtresse à M. du Roy; il se munit de quelques lettres pour moi, qui m'obligèrent d'engager M. du Roy à lui rendre la mulâtresse. J'en fis le marché à 1,800 francs, trois cents écus pour elle, et autant pour les trois enfans qu'elle avait, un desquels était supposé appartenir à Dauphiné, et les deux autres à d'autres personnes. Dès qu'ils furent déclarés libres je les mariai.

Le conseil souverain, ou pour parler plus juste, le conseil supérieur de la Martinique, est composé du gouverneur-général, de l'intendant, du gouververneur particulier de l'île, de douze conseillers, d'un procureur-général, et des lieutenans de roi, qui y ont droit de séance et voix délibérative. Les conseillers n'achètent point leurs charges, elles se donnent au mérite, souvent aux recommandations. Des douze ou quinze conseillers qui remplissaient les charges en 1705, il n'y en avait que deux qui eussent étudié en droit; c'étaient les sieurs *le Merle*, et *Moncl*; les autres étaient des notables habitans ou commerçans, chez lesquels il faut croire que la doctrine et le bon sens tenaient lieu de science.

On entend par mulâtres, les enfans qui naissent d'une *mère noire* et d'un *père blanc*, ou d'un *père noir* et d'une *mère blanche*. Quoique ce dernier cas soit rare, on en a pourtant des exemples. Quant au premier, il n'est que trop fréquent, et ce libertinage des blancs avec les négresses, est la source d'une infinité de crimes. Les mulâtres sont pour l'ordinaire bien faits, de bonne taille, vigoureux, forts, adroits, industrieux, courageux et hardis au-delà de l'imagination; ils ont ont beaucoup de vivacité, mais ils sont adonnés à leurs plaisirs, fiers, cachés, et généralement susceptibles de se laisser entraîner par les passions les plus ardentes.

Le nombre des mulâtres serait bien plus grand dans nos îles, sans l'amende de deux milles livres de sucre, et de la confiscation au profit de l'Hôpital, auxquels sont condamnés ceux qui sont convaincus d'en être les pères; mais en cherchant à remédier au scandale, on a ouvert la porte à un crime bien plus énorme, qui consiste dans des avortemens fréquens que les négresses se procurent, et cela fort souvent du consentement ou par le conseil de ceux qui en ont abusé.

Les enfans qui naissent d'un blanc et d'une mulâtresse, sont appelés *quarterons*, et ceux qui viennent d'un blanc et d'une Indienne, *métis*.

Je n'ai connu dans nos îles du Vent que deux blancs qui eussent épousé des négresses. Le premier s'appelait *Liétard*, lieutenant des milices du quartier de la Pointe-Noire, à la Guadeloupe. C'était un homme de bien, qui, par un principe de conscience, avait épousé une très-belle négresse, à qui, selon les apparences, il avait quelque obligation.

Le second était un Provençal nommé *Isautier*, marchand au fort Saint-Pierre Martinique. Son curé lui mit tant de scrupules dans l'âme qu'il l'obligea d'épouser une certaine négresse appelée *Jeanneton Panel*, qui aurait eu plus de maris que la Samaritaine, si tous ceux à qui elle s'était abandonnée l'avaient épousée.

M. Liétard avait de beaux petits mulâtres de son épouse noire; mais le Provençal n'en eut point de la sienne.

Quoiqu'il soit plus rare de trouver des femmes blanches débauchées par des nègres, que des négresses débauchées par des blancs, cela ne laisse pas d'arriver quelque fois, et peut-être que s'il y paraissait à chaque fois que cela arrive, le cas serait beaucoup moins rare. Mais la honte d'une semblable action leur fait employer les mêmes remèdes dont les négresses se servent pour empêcher l'éclat que ferait leur crime, s'il venait à être découvert. On en sait pourtant quelques-unes qui, après être tombées dans ces déréglemens, ont eu trop de conscience pour faire périr leur fruit, et ont mieux aimé porter la honte de leur crime, que de le cacher par un plus grand, entre autres la fille d'un certain ouvrier du quartier du *Pain de sucre*, nommée ✱✱✱. Cette fille serait demeurée le reste de sa vie dans l'opprobre, s'il ne se fût trouvé un Polonais, nommé *Casimir*, scieur de long de son métier, qui s'offrit de l'épouser et de reconnaître pour sien l'enfant dont elle accoucherait. Le père vint m'apporter cette nouvelle; je lui dis qu'il fallait en presser la conclusion, de crainte que cet homme ne changeât de sentiment. Il suivit mon conseil; je les dispensai des bans, et je les mariai.

Dès que les nègres furent amenés aux îles, et que le libertinage y produisit des mulâtres, les seigneurs propriétaires ordonnèrent que ces derniers seraient libres quand ils auraient atteint l'âge de vingt-quatre ans accomplis, pourvu que pendant ce temps ils eussent demeuré dans la maison du maître de leur mère. Ils prétendaient que ces huit ans de service qu'ils avaient rendu, depuis seize jusqu'à vingt-quatre accomplis, suffisaient pour dédommager les maîtres de la perte qu'ils avaient faite pendant que leurs négresses les avaient élevés, et de ce qu'au lieu d'un nègre, qui aurait été toujours esclave, elles n'avaient produit qu'un mulâtre. Mais depuis 1674, époque où le roi a réuni les îles à son domaine, il a fait revivre par sa déclaration la loi romaine qui veut que les enfans suivent le sort du ventre qui les a portés: *partus sequitur ventrem*, et que par conséquent les mulâtres provenant d'une mère esclave soient aussi esclaves. A ce propos, je ne dois pas oublier qu'un conseiller du conseil souverain de la Guadeloupe, citant cette loi dans un procès où il s'agissait de décider si un mulâtre né après la date de la déclaration du roi, mais avant qu'elle fût arrivée et publiée aux îles, était libre ou non; ce savant jurisconsulte, au lieu de s'attacher au point de la difficulté que je viens de dire, ne pensait qu'à faire parade de son latin, qu'il estropiait en disant : *patus sequitus ventris*. Belle preuve de son savoir, qui n'empêchait pas qu'il ne fût d'ailleurs honnête homme, et qu'il n'eût l'occasion d'apprendre à parler latin, puisqu'il avait demeuré quelques années au service de nos Pères, d'où il était monté à l'office de maître d'école, et de chantre d'une de nos paroisses. Il s'appelait M. D. L. C. Il était doyen du conseil de la Guadeloupe en 1705.

Depuis cette ordonnance, les mulâtres sont tous esclaves et sujets aux mêmes corrections que ces derniers, c'est-à-dire qu'on leur coupe les oreilles la seconde fois qu'on les met en prison pour maronage, et le jarret la troisième fois.

Il y a trois sortes de *palétuviers* ou *mangles :* des rouges, des blancs et des noirs. Le rouge est l'arbre que nous appelons *raisinier;* le blanc est le *muhot :* je parlerai dans un autre lieu de ces deux derniers. Le mangle noir ou palétuvier est un arbre qui ne vient que sur les bords des rivières ou de la mer. Son bois est dur, ployant et fort lourd. Sa feuille ressemble assez à celle du laurier. Les plus gros arbres que j'ai vus de cette espèce ne passaient pas treize à quatorze pouces de diamètre, et vingt à vingt-cinq pieds de haut. Leurs branches droites et sans nœuds laissent tomber des rejetons qui prennent racine quand ils ont atteint le fond de la mer ou de la rivière où la principale racine a pris naissance. Ces racines, après s'être élevées, font des arcades qui s'entrelacent les unes dans les autres, se soutiennent, et forment un grillage sur lequel on peut marcher, sans crainte de se mouiller, sur le bord des rivières, et quelquefois très-avant dans la mer. Ce bois est bon à brûler; le tronc sert à des ouvrages qui doivent résister à l'eau, car il est presque incorruptible, et son écorce est propre à tanner les cuirs. Les racines et les branches qui sont dans l'eau servent en outre à recueillir les semences des huîtres, qui s'y attachent, s'y nourrissent et s'y multiplient à merveille. On peut dire qu'on les cueille sur les arbres. Ces huîtres sont petites, mais délicates, grasses, blanches, tendres et d'un très-bon goût.

Le mangle ou palétuvier rouge vient toujours au bord de la mer ou des rivières, mais jamais dans l'eau douce ou salée. Les racines qui le soutiennent ne sont point en arcades comme celles du précédent. Cet arbre vient très-gros et très-grand, mais très-mal fait. Ses branches, renversées vers la terre, sont tortues, noueuses, et embarrassent extrêmement le terrain qu'elles occupent. Le bois est d'un rouge foncé. Ses fibres sont longues, serrées et mêlées; le grain fort fin. Si on coupe le cœur en petits éclats, et qu'on le fasse bouillir dans l'eau, il la teint d'un très-bon rouge qui communique sa couleur aux laines et toiles que l'on y trempe. Cet arbre produit des fruits tout ronds, d'environ quatre lignes de diamètre, qui sont verds avant d'être mûrs, et qui deviennent violets quand ils ont acquis leur maturité. Ils sont bons; leur goût approche de ces gros raisins qu'on appelle *chasselas*.

Le *mahot* ou mangle blanc vient ordinairement sur le bord des rivières, et ses branches s'étendent sur la surface de l'eau, comme si elles voulaient jouir de sa fraîcheur. Il vient moins bien au bord de la mer. Le bois de cet arbre est blanc, souple quand il est vert; mais il se sèche dès qu'il est coupé, et devient cassant. Le dedans est rempli de moelle comme le sureau, quoiqu'en plus petite quantité. Il porte deux fois l'année des fleurs jaunes, qui s'épanouissent à peu près comme des tulipes, mais qui sont beaucoup plus grandes. Il vient de bouture, et se multiplie de lui-même, parce que ses branches touchant à terre y prennent racine pour peu que le terrain soit humide. Plus on le coupe et plus il pousse de branches. Son écorce sert à faire des cordes de toute espèce; elles sont si bonnes que nos corsaires et flibustiers en gréent entièrement leurs navires. Il y a à la Guadeloupe des palétuviers de montagne.

Le *perroquet* est un oiseau trop connu pour m'arrêter à en faire la description. Il y en a de trois espèces aux îles (1). J'en avais deux que je plaçai chez une de mes paroissiennes; c'est ce que je pouvais faire de mieux pour leur apprendre à parler. On sait que les femmes ont le don de la parole, et qu'elles aiment à s'en servir : en effet, quoique mes perroquets fussent vieux, ils étaient à une si bonne école qu'ils apprirent à la perfection, et surtout le mâle, car la femelle ne voulut jamais parler qu'après la mort de son mari. Je ne sais si c'était par respect qu'elle gardait ainsi le silence, ni qui le lui avait appris, car assurément ce n'était point sa maîtresse; quoi qu'il en soit, la mort du mâle m'ayant donné un peu de chagrin, je me défis de la femelle pour n'en pas avoir une seconde fois.

Dans les premiers jours du mois de mars, nous eûmes quelques grains de pluie qui nous amenèrent un grand nombre de *tourlouroux*. C'est une espèce de

---

(1) Depuis ils ont été détruits; on n'en trouve ni à la Guadeloupe ni à la Martinique. Il en est de même des singes. (*Note de l'éditeur.*)

crabes de terre, à peu près comme celles que l'on prend dans les mers d'Europe, mais plus petites, puisque les plus gros tourlouroux n'ont pas plus de deux à trois pouces de largeur. Leur écaille est assez dure quoique mince. Elle est rouge; leurs yeux sont noirs, durs comme de la corne; ils sortent et rentrent dans leurs orbites, comme ceux des écrevisses.

C'est une règle générale que tous les animaux que je vais nommer, savoir: les *tourlouroux*, les *crabes*, les *écrevisses*, les *serpens*, les *lézards* et les *soldats*, descendent tous les ans à la mer pour se baigner et changer de peau ou de coquille. Les crabes, les tourlouroux et les *ciriques* y vont encore pour faire leurs œufs; car, comme ils sont déjà hors de leur corps, attachés seulement aux poils de leur queue, ils ne font que la secouer dans l'eau où ils se baignent, et ces œufs, un peu plus petits que ceux des carpes, se détachent des poils qui les retenaient, tombent dans la mer où ils éclosent, et quelques temps après sortent de l'eau, se retirent sur les premières herbes qu'ils trouvent, et montent ensuite de compagnie avec leurs mères à la montagne. Les crabes ne diffèrent des tourlouroux que par la grandeur. Il y en a de violettes et de blanches. Les tourlouroux sont les plus délicats, et les crabes blanches sont les moins recherchées.

Le *cirique* est une espèce de crabe que l'on trouve dans les rivières et sur les rochers au bord de la mer. C'est à leur peu de valeur qu'elles sont redevables du repos qu'on leur laisse. Il faut que les nègres n'aient rien trouvé de mieux quand ils leur font la chasse.

Le dimanche 10 avril, je me rendis sur le soir à la Trinité, chez mon confrère le P. Martelli, qui m'avait prié de l'aider à faire faire les Pâques aux habitans *du Robert* et *du François*, qui n'avaient point encore de curé résidant. J'y trouvai M. *Coullet*, officier d'une compagnie de marine et mon compatriote, ce qui me fit un vrai plaisir. M. Coullet est Parisien. Il était arrivé à la Martinique en 1687. Il était brave, et s'était honorablement distingué, d'abord à Saint-Christophe, où il avait été envoyé par M. de Blenac, et en 1693, lorsque les Anglais vinrent attaquer la Martinique. Il fut fait major en 1698, et chevalier de Saint-Louis en 1704. Ce fut lui qui, en 1708, fit renoncer les Caraïbes de Saint-Vincent à l'alliance qu'ils avaient faite avec les Anglais, et à tout commerce avec eux.

Le lundi, de grand matin, le P. Martelli et moi partîmes pour le Robert. Dès que nous fûmes arrivés, il fallut se mettre à entendre les confessions, ce que nous continuâmes tout le mardi. Le mercredi, mon confrère s'en retourna à la Trinité, et je m'embarquai dans un canot de M. *La Vigne-Granval*, pour aller faire les mêmes fonctions au François. Le vendredi j'en repartis, et vins coucher chez M. *Bouchard*, au Robert.

J'arrivai tout à propos pour voir tirer à terre un *Lamentin* femelle que les nègres avaient harponné. J'avais entendu dire beaucoup de choses du Lamentin, mais je n'en avais point encore vu, parce qu'il est devenu assez rare depuis que les bords de la mer sont habités. Ce poisson cherche les endroits où il y a des rivières où il vient boire de l'eau douce une ou deux fois par jour; mais il s'éloigne dès qu'il entend le moindre bruit, car il est fort craintif, et il a l'ouïe aussi subtile qu'il a la vue mauvaise, au contraire de la tortue qui a la vue très-perçante et qui est sourde.

Les Espagnols l'appellent *Manate*, c'est-à-dire poisson qui a des mains. On pourrait, ce me semble, le nommer *vache-marine*, ayant beaucoup de rapport à cet animal terrestre. Je mesurai le Lamentin qui était chez M. Bouchard; il avait quatorze pieds neuf pouces de longueur, depuis le bout du muffle jusqu'à la naissance de la queue. Il était tout rond, sa tête était grosse, et ses oreilles ne paraissaient que comme deux petits trous. Les pieds ou mains de cet animal, ou plutôt ses nageoires, ne sont ainsi appelées que parce qu'il s'en sert pour porter ses petits, ou pour les tenir pendant qu'il leur donne à téter. Le Lamentin femelle a deux mamelles rondes, le tétin gros comme le pouce, et sortant un bon pouce dehors. Sa peau est de couleur d'ardoise brune avec des poils de même couleur. Celui que j'ai vu pesait, dit-on, huit cents livres. Les pêcheurs avaient aussi pris son petit; il avait environ trois pieds de long : nous en mangeâmes à souper. Un veau de lait et ce poisson ne diffèrent en rien pour le goût et la saveur.

A mon retour chez moi, j'y trouvai un malade; c'était un jeune homme nommé *Philippe Roche*, fils de la veuve de ce nom, dont j'ai parlé au commencement de ces Mémoires. Quoique créole, il fut attaqué du mal de Siam, et mourut le quinzième jour de sa maladie.

La *Goyave* est un fruit très-bon, et si commun dans toute l'Amérique qu'on en trouve partout. Il ressemble assez à la pomme de reinette, excepté qu'il a une couronne à peu près comme celle de la grenade, sur le bout opposé à la queue. Son écorce, rude et pleine d'inégalités, a trois lignes d'épaisseur quand le fruit est encore vert, et davantage lorsqu'il a toute sa maturité. Elle contient une substance rouge ou blanche, selon la qualité. Cette substance renferme une quantité de graines blanches ou rougeâtres, fort inégales, de la grosseur des graines de navette, et si dures qu'elles ne se digèrent jamais.

Il y a des goyaves de plusieurs espèces; les plus connues sont les blanches et les rouges. On préfère les blanches. C'est un arbrisseau qui le produit; il fleurit deux fois l'année; sa fleur ressemble assez à une fleur d'oranger épanouie. Elle est blanche, d'une odeur douce et agréable, mais elle a beaucoup moins de consistance que la fleur d'orange. Ce fruit est si sain qu'on le peut manger en quelque état qu'il soit, sans crainte d'en être incommodé. Si on le mange vert, il resserre le ventre; si on le mange bien mûr, il le lâche.

Tous les pays situés entre les deux tropiques n'ont

que deux saisons : celle des pluies, et celle de la sécheresse. On regarde la première comme l'hiver et la seconde comme l'été. Du reste, la chaleur est à peu près égale dans les deux saisons. Ce sont les pluies qui rendent les terres fertiles ; on voit alors tout reverdir et se renouveler. Mais cet avantage est contrebalancé par la crainte des ouragans qui n'arrivent jamais que dans cette saison, c'est-à-dire, depuis le 20 juillet jusqu'à la mi-octobre.

Aussitôt que les pluies ont commencé, on trouve les embouchures des rivières, et toutes les roches qui sont dans les environs, ou dans leur lit, couvertes d'une infinité de petits poissons de toutes espèces, qui ne sont pas plus grands et guère plus gros que de grosses épingles. On appelle ces petits poissons du nom de *Titeri* à la Martinique ; je crois que ce terme est caraïbe. On les nomme *Pisquet* à la Guadeloupe. Dans les premiers jours ils sont blancs comme neige, peu à peu ils grossissent et deviennent gris, et ne sont plus si délicats. La pêche en est fort facile. Quatre personnes saisissent un linceul par un coin, et le tenant étendu elles le maintiennent entre deux eaux, aux endroits où elles voient fourmiller une plus grande quantité de ces poissons, et l'élevant en l'air, elles en prennent des milliers. Les poissons qui s'attachent aux roches sont encore plus faciles à prendre, car on n'a qu'à les faire tomber avec la main dans un vase que l'on tient dessous. L'abondannce et la délicatesse de ce poisson fait que tout le monde en mange, bouilli, frit, ou en beignets.

Le *cerisier* du pays ressemble assez au grenadier; le bois en est gris; il jette beaucoup de branches surchargée de feuilles, presque de même figure et couleur que celles du grenadier, mais un peu plus grandes et moins épaisses. Il fleurit deux fois chaque année. Le fruit qui succède à la fleur, est un peu plus gros que les cerises qu'on appelle à Paris des griotes, et de même couleur. Sa queue est courte, le côté qui lui est opposé est plat avec un petit enfoncement dans le milieu. Ce fruit n'a point de noyau, mais il a à sa place une espèce de cartilage comme le zest d'une noix mûre et fraîchement cueillie; crues, ou en gelée, elles sont toujours fort bonnes; l'arbrisseau qui les produit vient de bouture, et rapporte au bout de huit à neuf mois.

Je partis du fort Saint-Pierre-Martinique le premier mars 1696, sur une frégate de dix-huit canons, fort bonne voilière, qui était venue de Brest aux îles pour faire la course. M. Auger, ci-devant gouverneur de Marie-Galante, profita de cette occasion pour aller prendre possession du gouvernement de la Guadeloupe, qui comprend la *Grande-Terre*, les *Saintes* et *la Désirade*. Nous fûmes pris du calme, comme cela est assez ordinaire, devant la Dominique.

Nous arrivâmes devant le bourg de *la Basse-Terre* (Guadeloupe) le surlendemain de notre départ, sur les trois heures après midi. Je descendis avec M. Auger dans la chaloupe de la frégate, qui ne manqua pas de le saluer de onze coups de canon. On fit une seconde décharge quand il mit pied à terre; celle-ci fut accompagnée de la mousqueterie des milices et de la garnison.

Les PP. Carmes me donnèrent un cheval pour me porter à notre habitation, qui est à une petite lieue du bourg. On passe, en y arrivant, une assez grosse rivière, appelée *la rivière des Pères*. Depuis que les Anglais eurent ruiné notre couvent en 1692, nous avions bâti une maison de bois au milieu de la savane, environ à cent pas de la sucrerie; c'est là où nos PP. étaient logés. L'endroit où nous sommes était le plus beau quartier de l'île, dans le temps de la première compagnie qui peupla les îles, et des seigneurs particuliers qui avaient acheté les droits de cette compagnie. Il y avait deux bourgs considérables, l'un à côté de la rivière des Pères, et l'autre des deux côtés de celle *du Baillif*. Le premier se nommait le *bourg Saint-Louis*; il fut emporté par des débordemens furieux, et les habitans se transportèrent au Baillif.

Le fort de la Guadeloupe est situé sur un terrain plus élevé de quelques toises que le bourg appelé la Basse-Terre. Ce bourg, que les Anglais avaient brûlé en 1691, était presque entièrement rétabli. Il pouvait y avoir deux cent soixante maisons, la plupart de bois et fort propres.

Le lundi, j'allai à l'habitation du *Marigot*. C'est un nom que l'on donne communément dans les îles à tous les lieux où les eaux de pluie se rassemblent et se conservent. Le mercredi 7 mars, jour des cendres, nous fîmes en partie l'office de saint Thomas d'Aquin qui tombait ce jour-là. M. le gouverneur qui y était invité, s'y trouva avec M. *de la Malmaison*, lieutenant de roi, quelques officiers de robe et d'épée, et entre autres, un prêtre appelé *l'abbé du Lion*, fils de feu M. du Lion, gouverneur de la Guadeloupe. J'en parlerai dans un autre endroit. Après les offices, j'allai visiter mon compagnon, le *P. Gresset*, qui desservait une paroisse à cinq lieues du Baillif, appelée l'*Ilet à Goyaves*. Dès qu'on a passé la rivière du Baillif, on trouve sur la hauteur les restes du château ou fort de la Madelaine. J'allai voir ces débris. Ces bâtimens avaient été entretenus jusqu'en 1691; on y avait même tenu garnison. On les abandonna, et les Anglais y mirent le feu en se retirant. Je vis, à côté du fort, une maison et une petite habitation que le nègre qui me suivait, me dit appartenir à la *veuve Gremy*. Tout le terrain qui est entre la rivière du Baillif et celle *du Plessis*, s'appelle le *quartier et la montagne S. Robert*.

Le passage de la rivière *du Plessis* est toujours difficile. On prétend que son eau est des plus saines et des plus légères de toute l'île. Cette rivière sépare la paroisse du Baillif, des quartier et paroisse des *Vieux Habitans. Le Fonds des Habitans* a été ainsi nommé parce que du temps de la première compagnie qui peupla l'île, tous ceux qui avaient achevé les trois ans de leur engagement qu'ils devaient à la compagnie, se retiraient dans cet endroit-là pour n'être plus confondus avec les serviteurs et engagés, et s'appelaient *habitans*. Le quartier a hérité de leur nom. On y cultive des *cotonniers*, du *mil*, des *pois* et du *manioc*, et tout cela y vient à merveille.

Après *les Habitans*, on trouve la rivière *Beaugendre*, qui se perd dans un lieu appelé l'*Anse à la Barque*. Cette anse, à couvert de tous les vents, excepté de l'O. S. O., est fréquentée par nos corsaires qui y viennent carener, et s'y réfugier pendant le mauvais temps. Ce fut là que les Anglais firent leur débarquement en 1691; ils ne pouvaient choisir un endroit plus propre pour se faire tailler en pièces; mais M. le chevalier *Hincelin*, gouverneur de l'île, qui était malade, ne put s'avancer assez vîte pour se trouver au lieu de leur débarquement. Il se contenta d'envoyer le sieur *de Bordenave*, son aide-major, avec quatre-vingt-cinq hommes, pour les observer et lui donner de leurs nouvelles. Il le fit suivre à quelque distance par le sieur *du Cler*, major, avec cent hommes. L'aide-major s'étant assuré par le grand nombre de troupes qu'il vit descendre, que c'était leur véritable débarquement, en donna avis au gouverneur, afin qu'il fît avancer du monde pour le soutenir, et se tint à mi-côte de la descente de l'anse, d'où il commença à faire feu sur les ennemis qui montaient; il les arrêta et les tint presque immobiles pendant trois heures; mais ses gens commençant à manquer de munitions, il fut obligé de se retirer, quoique en escarmouchant. M. Bordenave fut tué en ce moment avec quatre autres de sa compagnie. Il est certain que les ennemis n'auraient jamais pu pénétrer plus avant, si M. du Cler fût venu avec sa troupe pour soutenir l'aide-major; mais non-seulement il négligea sous de méchans prétextes de le faire, mais il arrêta encore trois cents hommes que le gouverneur y envoyait.

Les Anglais entrèrent dans le bourg, enlevèrent les batteries, et battirent le fort pendant trente-cinq jours, jusqu'à ce que le marquis de Ragny, général de nos îles, étant arrivé avec quelques troupes, ils se rembarquèrent avec précipitation.

Après que j'eus passé le Fonds de l'anse à la Barque, je montai un morne fort haut et difficile, et j'arrivai enfin, bien fatigué, à l'*église des Goyaves*.

Le P. Gassot ayant été averti de mon arrivée, vint à ma rencontre, et me conduisit chez lui. Sa solitude était des plus agréables. On y jouissait d'une vue qui n'était bornée que par l'horizon de la mer. Mon confrère envoya placer des paniers pour avoir du poisson. Le lendemain, je me levai de bonne heure, pour aller voir retirer ces paniers ou nasses. On les fait de roseaux refendus, unis ensemble par des lianes. On y met quelques pierres pour les tenir au fond de l'eau, et des crabes cuites rompues en morceaux pour attirer le poisson. Nous trouvâmes plus de trente livres de poisson dans les six paniers qu'on avait mis à la mer, entre autres un *congre* gros comme le bras, de plus de trois pieds de long.

Après dîné, je fus me promener sur la côte, et on me fit remarquer que l'eau bouillonnait à cinq ou six cents pas dans la mer. J'entrai dans un petit canot pour m'assurer s'il était vrai que cette eau était chaude. En effet, je la trouvai si chaude que je n'y pus tenir la main. J'envoyai chercher des œufs que je fis cuire en les tenant suspendus dans l'eau avec mon mouchoir.

Le samedi 10 mars, j'accompagnai le P. Gassot,

qui allait voir des malades. Nous passâmes sur l'habitation des sieurs *Lostau* frères, capitaine et lieutenant de la milice du quartier. Nous fûmes ensuite chez le sieur *Joly*, beau-fils du sieur de La Chardonnière de la Martinique; il commençait à faire une sucrerie. Il nous retint à dîner; nous mangeâmes du bon poisson avec de la cassave fraîche, car la plupart des habitans de ce pays-là ne se piquent pas d'avoir d'autre pain. Nous allions sortir de table quand il entra un officier de l'*Anse-Ferri* : c'était M. *Lietard*, lieutenant de la compagnie des milices du *Grand-cul-de-sac*, dont le sieur *Lapompe* était capitaine. La simplicité du premier âge du monde reluisait dans tout l'extérieur de M. Lietard. Ses jambes et ses pieds étaient couverts des bas et des souliers qu'il avait apportés du ventre de sa mère, à la réserve qu'ils étaient un peu plus noirs et plus vieux, car il paraissait qu'il y avait bien soixante ans et plus qu'il s'en servait. Ses cheveux blancs, et en petit nombre, étaient couverts d'un chapeau de paille, et le reste de son corps d'une chemise et d'un caleçon d'une bonne toile de ménage. Il portait son épée à la main; je crois bien que le fourreau avait été anciennement tout entier, mais le temps, les fatigues de la guerre, la pluie et les rats, en avaient consommé une bonne partie, ce qui faisait que cette épée rouillée paraissait plus de moitié. Il y avait, au côté gauche de la ceinture du caleçon, une bande de toile cousue qui servait à soutenir cette vénérable épée dans les cérémonies. Malgré cet ajustement, M. Lietard ne manquait pas d'esprit et de bon sens.

Il nous fit son compliment en peu de mots : il venait me prier d'aller dire la messe à la chapelle *Ferri*.

Nous avions trois bonnes lieues à faire pour nous rendre à Ferri ; mais le canot étant bien équipé, et le vent favorable, nous y arrivâmes assez promptement. Nous passâmes devant le quartier appelé *Caillou*, autrement la *Pointe-noire*. Nous nous y arrêtâmes un instant pour avertir que la messe serait dite le lendemain à Ferri.

Etant arrivés, M. Lietard me conduisit à sa maison, éloignée d'environ cinq cents pas du bord de la mer. Madame Lietard vint au-devant de moi avec beaucoup d'honnêteté. C'était une grosse négresse d'environ quarante ans, encore belle et bien faite. Elle avait de l'esprit et même une politesse que je n'aurais pas cru rencontrer dans des gens de sa couleur.

Le dimanche tout le quartier de Ferri, de la Pointe-noire et du Grand-cul-de-sac se rendirent à la chapelle. Je confessai, je dis la messe, je prêchai et fis le catéchisme. Je dînai chez M. Lietard avec les principaux, après quoi mon hôte eut la politesse de me venir reconduire chez le P. Gassot, où nous le retînmes à souper et à coucher.

Une chose qui me fit le plus de plaisir dans ce voyage, fut d'avoir vu l'arbre d'où découle l'huile ou le *baume de copahu*; il y en avait un pied à côté de la maison de M. Lietard; c'est le seul dont j'ai pu avoir connaissance dans toutes les îles où j'ai été et où je l'ai cherché inutilement. C'est un arbre de très-belle apparence. Il pouvait avoir vingt à vingt-deux pieds de hauteur; sa feuille approchait assez de celle de l'oranger, excepté qu'elle était plus longue et plus pointue, douce au toucher, souple, d'une odeur aromatique et d'un vert clair et gai; l'arbre en est fort garni; son écorce est grise, le bois blanc et assez tendre. Lorsqu'on en veut tirer l'huile, on fait une incision vers le pied, et l'on conduit la liqueur dans une calebasse. Pour être bonne, cette huile doit être épaisse et de couleur d'ambre. Elle doit avoir une odeur de vert aromatique. Elle est merveilleuse pour refermer promptement toutes sortes de plaies faites avec le fer, le bâton, et pour les chutes ou autres accidens, mais non pas pour les coups de feu.

Le bois appelé *tendre à caillou* ne se trouve que dans les lieux secs, pierreux et arides. Il tire son nom de sa grande dureté qui le fait ressembler aux cailloux. Il n'a jamais plus de douze à quatorze pouces de diamètre; quant à la hauteur, on en trouve de vingt-cinq à trente pieds de tige. Il est également bon dans la terre et dans l'eau.

Le *bois amer* est un assez grand arbre; on en fait des lattes ou des planches minces pour clouer l'ardoise. Il faut observer, lorsqu'on le coupe, de se tenir toujours au vent; sans cette précaution, la poussière qui entre dans le nez ou dans la bouche y fait le même effet que si on avait mâché ou pris de la rhubarbe en guise de tabac. Ce bois et l'acajou ne sont pas sujets aux *poux de bois*. Ils ont de plus la qualité de communiquer leur amertume à tout ce qu'on fait cuire à leur feu, soit qu'on le fasse cuire dans une marmite, ou qu'on le fasse rôtir à la broche ou sur le gril.

Le *pou de bois* est un insecte qu'on ne trouve que trop dans toute l'Amérique. Il a la figure des fourmis ordinaires, excepté qu'étant plus gras et plus rempli, ses membres ne peuvent se distinguer. Il est d'un blanc sale; il paraît huileux à la vue et au toucher.

Ces insectes se multiplient d'une manière étonnante. Ils rongent le bois, le cuir, les toiles, les étoffes, et généralement toutes les choses où ils peuvent mettre les pieds, car ils font des galeries, et pourrissent tous les lieux où ils passent. Tuez-en tant que vous pourrez, pour peu qu'il vous en reste, ils travaillent avec un succès étonnant à la multiplication de leur espèce et de leur logement.

Les *ignames* et les *patates* sont des fruits d'un si grand usage dans toute l'Amérique, que je ne dois pas oublier d'en parler.

L'*igname* est une espèce de betterave qui vient grosse à proportion de la bonté du terrain où elle est plantée. Sa peau est épaisse, rude, inégale, couverte de beaucoup de chevelure et d'un violet tirant sur le noir. Le dedans est de la consistance des betteraves; on le mange cuit avec la viande, et pour lors il sert de pain et de cassave. On le fait cuire seul dans l'eau, et on le mange avec la *pimentade*, c'est-à-dire le jus de citron, le piment écrasé et le sel.

La *patate* est une espèce de pomme de terre qui approche assez des topinamboux. Il y en a de trois espèces: les blanches, les rouges et les jaunes. Je ne saurai mieux comparer le goût de ce fruit, quand il est rôti, qu'à celui des marrons et des culs d'artichaux mêlés ensemble.

Le 13 mars, le P. Gassot me ramena au Baillif, dans son canot. Le lendemain je montai à notre habitation du Marigot pour travailler au nivellement d'un canal. On me donna quatre ou cinq nègres auxquels il manquait toujours quelque chose pour travailler. J'aurais abandonné cette opération, si la commodité d'aller dans les bois, où il n'y a point de serpens comme à la Martinique, ne m'avait un peu diverti.

Nous étions pour lors dans la saison de la chasse de certains oiseaux qu'on appelle *diables* ou *diablotins*. Je ne sache pas qu'il s'en rencontre dans les îles autre part qu'à la Guadeloupe et à la Dominique, où ils viennent en certains temps de l'année s'accoupler, pondre et élever leurs petits. Cet oiseau est à peu près de la grosseur d'une poule à fleur; c'est ainsi qu'on appelle aux îles les jeunes poules qui n'ont pas encore pondu. Son plumage est noir; il a les ailes longues et fortes, les jambes assez courtes, les pieds comme ceux des canards, mais garnis de fortes et longues griffes; son bec est long d'un bon pouce et demi, courbé, pointu, extrêmement dur et fort; il a de grands yeux à fleur de tête qui lui servent très-bien pendant la nuit, mais qui lui sont tellement inutiles le jour qu'il ne peut supporter la lumière ni discerner les objets, de sorte que quand il est surpris par le jour hors de sa retraite, il heurte contre tout ce qu'il rencontre, et enfin il tombe à terre.

Ces oiseaux vivent du poisson qu'ils vont prendre la nuit à la mer, après quoi ils rentrent dans leurs trous comme les lapins, d'où ils ne sortent que quand la nuit est venue pour retourner à la mer. Ils crient en volant comme s'ils s'appelaient ou se répondaient les uns aux autres.

Ils commencent à paraître vers la fin du mois de

septembre, et se montrent jusqu'à la fin de novembre; après quoi ils disparaissent, et on n'en voit aucun jusqu'au milieu ou environ de janvier, époque à laquelle ils reparaissent de nouveau. La chair de ces oiseaux est noirâtre et sent un peu le poisson; du reste, elle est bonne et fort nourrissante. On peut dire qu'ils sont une manne que Dieu envoie tous les ans pour les nègres et pour les petits habitans qui ne vivent d'autre chose pendant la saison.

La difficulté de la chasse de ces oiseaux en conserve l'espèce. Malgré ses dangers et la fatigue qu'occasionnent l'aspérité de la *montagne dite des Diables*, où il faut aller les chercher, je la fis un jour, et je conduisis avec moi un jeune créole nommé *Albert de Launay*, qui apprenait chez nous à raffiner le sucre. Cette montagne est à côté de *la Soufrière*. Nous y fîmes une cabane où nous déposâmes nos vivres. Le nègre qui me suivait et le jeune créole furent à la chasse, et revinrent assez promptement avec quinze ou seize diables. Chacun se mit d'abord à plumer. Pour moi je fis les brochettes pour les faire rôtir. Il faut avouer qu'un diable mangé de broche en bouche est un mets délicieux. Je croyais être rassasié ayant un diable dans le corps, mais soit que l'air froid de la montagne, ou la fatigue du chemin eussent augmenté mon appetit, il fallut faire comme mes compagnons, et en manger un second. La nuit fut belle et sans pluie, et nous dormîmes bien, quoique les diables fissent un grand bruit en sortant de leurs maisons, pour aller à la mer, et en y retournant. Le lendemain nous continuâmes la chasse, et le soir je rentrai au Marigot. Je crois que les diables vont à la Virginie et dans les pays voisins pendant que nous ne les voyons point aux îles; car j'ai lu une relation de ce pays-là qui parle d'un oiseau tout-à-fait semblable qui s'y trouve depuis le mois de mai jusqu'en septembre et octobre.

Le dimanche 8 avril, je partis avec quelques nègres, mon apprenti raffineur et deux autres créoles de nos voisins pour aller visiter *la Soufrière*. Le sommet de toutes ces montagnes est pelé, ce qui vient du froid continuel qui y règne, des exhalaisons de la Soufrière et des cendres qu'elle vomit. Le ciel étant sans aucun nuage, à mesure que nous montions nous découvrions de nouveaux objets; nous voyions la Dominique, les Saintes, la Grande-Terre de Marie-Galante, comme si nous avions été dessus. Lorsque nous fûmes plus haut nous vîmes fort à clair la Martinique, Monsarat, Nieves et les autres îles voisines.

Je ne crois pas qu'il y ait au monde un plus beau point de vue; mais il est situé trop proche d'un voisin fort dangereux.

Quand nous eûmes marché environ trois heures et demie en tournant autour de la montagne, et montant toujours, nous nous trouvâmes dans des pierres brûlées, et dans des cendres qui sentaient très-fort le soufre. Enfin nous arrivâmes sur la hauteur. C'est une vaste plate-forme inégale; la terre fumait en bien des endroits, et surtout dans ceux où il y avait des fentes et des crevasses, où nous ne jugeâmes pas à propos de nous aller promener; mais nous prîmes de côté, vers un amas de grosses pierres calcinées appelé le *Piton* de la Soufrière. Comme il n'y avait ni cendres ni fumée nous y montâmes sans crainte, et nous vîmes au-dessous de nous, du côté de l'est, la bouche de la Soufrière : c'est un trou ovale qui me parut de dix-huit à vingt toises de large dans son plus grand diamètre. Ses bords étaient couverts de grosses pierres mêlées de cendre et de quartiers de soufre. Il en sortait une fumée noire mêlée d'étincelles de feu. Il y a une autre bouche beaucoup plus petite que la première, qui paraît comme une voûte ruinée. Nous demeurâmes plus de deux heures sur le Piton, après quoi nous descendîmes par le côté opposé à celui par où nous étions montés, et nous arrivâmes à l'habitation des religieux de la Charité, où on me prêta un cheval pour me porter au Baillif.

J'avais entendu parler du *miel* et de la cire de la Guadeloupe, sans en rien savoir de particulier, car il n'y a point d'abeilles à la Martinique. Voici ce que j'ai remarqué. Ces abeilles sont de moitié plus petites que celles d'Europe; elles sont plus noires et plus rondes; elles se retirent dans des arbres creux où elles accommodent leur ruche: c'est une espèce de dôme de cire qui a la figure d'une poire, dans le dedans duquel elles se logent et font leur miel et leurs petits. Leur cire est noire ou tout au moins d'un violet foncé. Leur miel est renfermé dans de petites vessies de cire de la figure et de la grosseur des œufs de pigeon. Ce miel, qui est de la couleur de l'ambre, ne se fige jamais.

Il y a beaucoup de *guêpes* à la Guadeloupe. Elles sont plus grosses et plus méchantes que celles d'Europe. Leur piqûre fait un mal horrible, et cause une forte enflure.

Il y a aussi dans toutes les îles une espèce de petites mouches luisantes qu'on appelle des *mouches à feu*. Dès qu'il est nuit on les voit voler de tous côtés, surtout dans les buissons et autres lieux sombres, où il semble que ce soient autant d'étincelles de feu. A la Guadeloupe, il en est de grosses comme des hannetons. Une seule suffisait à m'éclairer pour lire des caractères fort menus. On trouve aussi dans la même île une autre sorte de mouches fort extraordinaires par leur grosseur et par leur figure : on les appelle *mouches cornues*. Elles ont pour l'ordinaire deux pouces et demi de long, depuis le cou jusqu'à la queue, sans compter le cou, la tête et les cornes. Leur corps est ovale, et sa circonférence peut avoir, dans son milieu, trois pouces et demi. Tout le dos est couvert de deux ailes qui ont la consistance d'un bon parchemin. Elles sont brunes, lisses, unies et comme vernissées ; cette paire d'ailes en couvre une autre paire, et celle-ci une troisième qui est blanchâtre et fine. Avec toutes ces ailes ces mouches n'en volent pas mieux. Elles ont trois jambes de chaque côté, divisées en trois parties qui forment les cuisses, les jambes et les pieds. Leur corps est couvert d'un duvet jaunâtre tirant sur le roux. La tête et le cou sont d'une seule pièce. La substance qui les compose est dure comme de la corne, noire, polie et luisante comme du jayet. Ces deux pièces ensemble ressemblent assez à un casque, de la partie supérieure duquel sort une corne courbe, creuse, d'environ trois pouces de longueur, de même matière et de même couleur que le reste de la tête, qui a deux petites excroissances pointues au tiers ou environ de sa longueur. Ces mouches naissent et se nourrissent dans la substance et le cœur des arbres qu'on appelle *bois de soie*.

Le *bois de soie* ressemble assez au *charme*, ainsi que ses feuilles, fines et couvertes d'un duvet doux comme la soie. Il n'est bon qu'à faire des douves pour des barriques. Il se pourrit aisément.

Les premiers Européens qui abordèrent aux îles de l'Amérique (du moins aux petites) n'y trouvèrent point d'autres animaux à quatre pieds, que des *lézards*, des *agoutis*, des *tatous*, des *manitous* et des *piloris*. J'ai parlé des lézards.

Le *tatou* est de la grosseur d'un cochon de lait de vingt-cinq à trente jours. Sa tête est petite et longue; sa gueule bien armée de dents; il a les yeux petits aussi bien que les oreilles, la queue longue et sans poil, couverte de petits cercles d'écaille. Ses jambes sont petites et grosses; tout son corps est couvert de rangs d'écailles qui s'emboîtent et se meuvent les unes dans les autres. Ces écailles sont d'un gris sale avec quelques marques blanches. Le tatou est un animal fort sensible; il se plaint et se met en boule dès qu'on presse un peu ses écailles. Dès qu'il a peur, il retire sa tête et ne laisse paraître que le petit bout du grouin. Sa chair est blanche et délicate, quoiqu'un peu fade.

L'*agouti* est une espèce de lièvre qui tient beaucoup du cochon; je n'en ai point vu à la Martinique : les serpens en sont peut-être la cause; mais il y en a quantité à la Guadeloupe, à la Dominique, à Saint-Christophe, et dans les grandes îles de la Terre-ferme. Le plus grand que j'ai vu était de la longueur et de la grosseur d'un cochon de deux mois. Sa peau est blanche, couverte d'un poil roux, rude et en petite quantité. Sa chair est grasse, tendre et délicate.

Je parlerai ailleurs des *piloris* ou *rats musqués*; quant aux *manitous*, je n'en ai jamais vus, et je n'en dirai rien sur le rapport d'autrui.

Le trafic le plus considérable qui se fait depuis le Baillif jusqu'au *Gros-Moine*, est celui du *coton*. L'arbrisseau qui le porte ne devient jamais bien gros ni bien grand, parce qu'on a soin de le couper tous les deux ou trois ans pour le renouveler. On prétend que par ce moyen il porte davantage, et que le coton qu'il produit est plus beau. L'écorce du cotonnier est mince et grise; le bois est blanc, tendre et spongieux; ses branches viennent assez droites et chargées de beaucoup de feuilles, qui sont partagées en trois parties comme celles de la vigne. Il fleurit et porte deux fois l'an. La fleur est composée de cinq feuilles qui font comme une tulipe avortée; le calice est soutenu par autant de petites feuilles vertes, dures et pointues. La fleur est jaune, rayée par dedans de filets couleur de pourpre, avec un pistil qui se change en un bouton ovale un peu pointu, de la grosseur d'un œuf de pigeon, qui s'ouvre et se partage en trois quand le coton est mûr. Le coton des îles surpasse de beaucoup celui du Levant en blancheur, en finesse et en longueur. Depuis 1698 jusqu'à la fin de 1702, on le vendait aux îles 45 liv. le cent.

Il y a aussi une autre espèce de cotonnier appelé *de Siam*, parce que la graine en a été apportée de ce pays. Il a naturellement la couleur du café clair. Le coton qu'il produit est long, plus fin et plus doux que la soie. J'ai vu des bas, faits avec ce coton, qui ont été vendus jusqu'à quinze écus la paire.

Nous avons encore une autre espèce de coton qu'on appelle *coton de fromager*. L'arbre qui le porte devient fort gros et fort grand. Ce coton est gris de perle, extrêmement fin, fort doux, et naturellement lustré. Il est plus court que le coton blanc ordinaire; on ne laisse pas cependant de le filer.

Le jeudi 19 avril, le sieur Lietard me vint chercher avec son canot, et nous allâmes à *Ferri*. Le lendemain je m'occupai de mes fonctions. Un des enfans du sieur Lietard, qui avait son fusil, me donna occasion de tirer quelques tourterelles et un *crabier*. C'est une espèce de *héron* qui vit de petites crabes, de tourlouroux et d'écrevisses qu'il prend sur le bord des rivières. Sa chair est grasse et de bon goût. On le met ordinairement en soupe ou en daube.

Le jour de Pâques, M. le gouverneur arriva, et après la messe il passa la revue de la compagnie de milice du sieur La Pompe. Elle se trouva de près de quatre-vingts hommes, entre lesquels il y avait quelques mulâtres et quelques nègres libres, tous armés de bons fusils boucanniers. Ces fusils, soit qu'on les prenne chez les marchands ou aux magasins du roi, coûtent 31 liv. 10 sous; savoir: 30 liv. pour le prix du fusil, et 30 sous pour le garde-magasin. Chaque vaisseau qui vient de France est obligé d'apporter six fusils, que l'on paie après les avoir éprouvés trois fois.

Par ce moyen, les îles en sont toujours bien fournies, et on a remédié à l'avarice des marchands qui les auraient portés à un prix excessif.

Nous partîmes de l'anse Ferri après dîné pour aller coucher au *Grand-Cul-de-sac*. Nous vîmes en passant l'habitation du sieur La Pompe, et à côté une autre habitation plus considérable : elle appartient à un gentilhomme nommé *Le Roi de La Poterie*, qui se dit parent d'un de nos premiers ministres, et qui n'en est pas pour cela plus à son aise.

Nous arrivâmes sur le soir chez le sieur *Van Despigue* : c'était le capitaine de ce quartier-là; il était Flamand ou Hollandais. Après que les Portugais les eurent chassés du Brésil, il se retira à la Guadeloupe avec plusieurs autres de sa nation qui y furent reçus par M. Houel. C'est d'eux qu'on a appris la culture des cannes, et la fabrication du sucre dans nos îles. Je trouvai tout ce pays très-dépeuplé.

Le mardi après les offices, j'accompagnai M. le Gouverneur à *l'îlet à Fajou*, et autres lieux qu'il voulut visiter. Nous visitâmes aussi *la grande rivière à Goyaves*, et nous remarquâmes divers endroits qui pouvaient être favorablement fortifiés. Nous nous rembarquâmes après le coucher du soleil et nous arrivâmes assez tard à notre gîte ordinaire.

La rivière Salée partage la Guadeloupe en deux parties, dont celle qui est à l'est porte le nom de *Grande-Terre*, parce qu'effectivement elle est plus grande que l'autre, qui conserve le nom de Guadeloupe, comme ayant été découverte et habitée la première. On compte que la Guadeloupe à trente-cinq lieues de tour, et les deux îles ensemble, environ quatre-vingt-dix. La rivière Salée n'est qu'un canal d'eau de la mer, de près de cinquante toises de large à son embouchure, qui passe entre ces deux îles. Sa largeur diminue ensuite, et il y a des endroits où elle n'a pas plus de quinze toises. La Grande-Terre est absolument dépourvue d'eau douce, pendant que la Guadeloupe en a en grande abondance. Ce manque d'eau vient de ce que la plus grande partie de cette terre est basse et platte, et de ce que le fond n'étant composé que de roches poreuses et légères, les eaux s'y imbibent et disparaissent sans pouvoir s'assembler et former des ruisseaux et des rivières.

Après que nous eûmes passé la rivière Salée, nous allâmes débarquer au *Fort-Louis*, où M. le Gouverneur fut reçu au bruit du canon et de la mousqueterie, par M. *de Maisoncelle*, capitaine d'une compagnie détachée de la marine, qui composait la garnison de ce fort; ce fort n'est bon à rien. La batterie qu'on y a fait au bas, est tout-à-fait commandée et vue de revers.

Le lundi, M. Auger passa en revue la garnison du fort et une compagnie de milices du quartier le plus proche, qu'on appelle *le Gosier*. Après dîné nous allâmes voir les *Abymes :* ce sont de grands enfoncemens où les vaisseaux se retirent pendant la saison des ouragans, ou dans un besoin, pour se mettre à l'abri de l'ennemi. Nous passâmes ensuite sur un îlet, qui couvre parfaitement bien la rade, et que l'on nomme l'*Ilet à Cochons*; on avait le projet d'y faire un fortin. De là nous repassâmes à la Guadeloupe. Nous nous arrêtâmes à l'habitation dite *Arnouville*, appartenant aux héritiers du sieur *Baudouin*. La veuve du sieur Baudouin reçut M. Auger avec beaucoup de civilité. Nous visitâmes ensuite une autre habitation voisine, appartenant au sieur *Fillacier*, officier de milice de la Cabesterre. M. Auger l'a achetée depuis, et lui a donné le nom de *Trianon*.

Le mercredi, nous nous rendîmes à la paroisse du *Petit-Cul-de-sac*, puis à celle de *Goyaves*, qu'il ne faut pas confondre avec le quartier de l'*îlet à Goyaves*, qui est à la Basse-Terre, et de là à la *Cabesterre*.

Le jeudi 3 mai, M. Auger fit de grand matin la revue de la compagnie de cette dernière paroisse. Elle était d'environ cinquante hommes. Elle aurait été bien plus nombreuse, car ce quartier est fort peuplé, sans le grand nombre d'habitans qui, par pique contre les officiers d'infanterie, s'étaient mis dans la compagnie de cavalerie. Nous partîmes sur les deux heures pour aller coucher chez M. Houel. Les deux quartiers, depuis Arnouville jusqu'à la ravine de *la Briqueterre*, où commence le marquisat de Sainte-Marie, sont bien peuplés et bien cultivés. Il y a quelques sucreries, mais le principal négoce de ces habitans est le *gingembre*. Il font aussi quantité de manioc, de légumes, de tabac, et ils élèvent un très-grand nombre de bestiaux et de volailles.

L'habitation particulière de MM. de Boisseret,

co-seigneurs et propriétaires par indivis de la Guadeloupe avec M. Houel, fut érigée en marquisat, en 16...., sous le nom de Sainte-Marie. Lorsque ces messieurs partagèrent l'île, il fut stipulé entre eux qu'en quelque lot que ce marquisat tombât, il resterait à ses premiers maîtres, avec tous ses droits seigneuriaux, sans aucune dépendance de celui dans le partage duquel il se trouverait. Ce marquisat s'étendait à une lieue de large le long de la mer, et à près de trois lieues vers les grandes montagnes qui séparent la Cabesterre de la Basse-Terre. On y rétablirait à peu de frais tout ce qui s'y trouvait, si les héritiers de M. Boisseret s'accordaient à vendre cette seigneurie à un seul; mais comme ils veulent être tous *marquis*, ils déchirent chacun un petit morceau du titre pour s'en parer, pendant que l'essentiel demeure en friche.

Il y a un bon mouillage à Sainte-Marie, depuis les restes du château jusqu'au-delà de l'embouchure de la rivière. On pourrait en faire un port excellent, parce que la chaux est en abondance dans ce quartier, aussi-bien que la terre pour faire des briques, et que la Basse-Terre peut fournir du ciment rouge pour les besoins. J'ai découvert depuis que ce ciment rouge était la véritable *pouzzolane*, telle qu'on la trouve au royaume de Naples, et en beaucoup d'endroits d'Italie.

Étant à la Grande-Terre, on me fit présent de quelques bois que nous n'avons pas à la Guadeloupe.

Le premier est le *bois marbré;* il est dûr, pesant et compact, son grain est petit et ses fibres sont fines. L'aubier est d'un blanc sale; son cœur est gris avec des ondes de différentes teintes. Il est poli et lustré presque naturellement.

Le second est le *bois violet*; sa couleur est fort vive, avec des ondes et des volutes composées de différentes teintes.

Le dernier s'appelle *canelle-bâtarde.* L'écorce en est bonne, épaisse, hachée, et ayant l'odeur de la canelle.

On faisait déjà beaucoup de *sucre* à la Grande-Terre, et bien des gens travaillaient à établir des sucreries.

Le *gingembre* est la racine d'une plante qui vient assez touffue, dont la feuille, longue, étroite, assez douce au toucher, est semblable à celle des roseaux, mais plus petite. Ses feuilles sont d'un vert gai quand elles sont jeunes; elles jaunissent en mûrissant, et se sèchent entièrement lorsque la racine a toute la maturité qui lui est nécessaire. Ces racines ressemblent à des pattes d'oie; elles sont noueuses, chargées d'excroissances et de petits boutons, dont la substance est blanche, ferme, compacte et pesante. Depuis 1668 jusqu'à la guerre de 1702, le gingembre a valu, à la Guadeloupe, depuis 10 jusqu'à 14 liv. le cent.

Nous partîmes de Sainte-Marie, et après avoir passé plusieurs ravines, nous arrivâmes à la Grande-Rivière, dans un endroit où elle a plus de trente toises de large. Son eau est belle et claire, mais son lit est gâté par une infinité de grosses roches qui en rendent le passage difficile, et tout-à-fait impraticable, lorsqu'elle est plus grosse qu'à l'ordinaire.

Nous nous arrêtâmes pour nous rafraîchir chez le sieur *Chevalier*, conseiller au conseil supérieur, et capitaine de milice. On voit par ces deux qualités que ces messieurs sont au poil et à la plume. C'était un fort honnête homme, créole, qui se serait fait estimer par ses bonnes manières, si elles n'avaient point été gâtées par un peu trop de vanité, et par un certain air pédant qui était répandu sur toute sa petite personne. Il me pria de lui indiquer un endroit où il pût couper une petite rivière qui passe sur son habitation, afin de faire un moulin à eau; je le lui promis, et je l'exécutai le surlendemain matin, pendant que M. Auger réglait les affaires du quartier, après avoir fait la revue de la compagnie de cavalerie de la Cabesterre, qui était de près de quatre-vingts maîtres, bien montés et bien armés.

Nous passâmes par le bourg du *Marigot*. Il ne consistait alors qu'en vingt-cinq ou trente maisons ou magasins; il y avait trois ou quatre marchands, quelques ouvriers, et des cabarets qui, dans ce pays-là, sont la partie essentielle des bourgs.

L'église paroissiale est éloignée du bourg d'environ trois cents pas. Après que M. Auger y eut fait sa prière, il passa la revue de la compagnie de milice du sieur Chevalier, qui se trouva d'environ soixante hommes.

Le vendredi je célébrai la messe dans la chapelle domestique de M. Houel, après quoi nous montâmes à cheval pour aller voir un terrain où il voulait bâtir une maison. J'en ébauchai le plan.

Il y avait chez M. Houel un de ses amis, arrivé de France depuis quelques mois, qui se faisait appeler M. *de Rochefort*, mais fort connu à Paris sous le nom de l'*abbé Vrais*, qui était le véritable. C'était un homme de beaucoup d'esprit, de belles-lettres et très-poli. Il avait été obligé de se retirer aux îles pour quelques mauvaises affaires que ses ennemis lui avaient suscitées. Il épousa quelque temps après la veuve du sieur Baudouin, dont il augmenta considérablement le bien en peu d'années. Il mourut en 1704.

Nous partîmes de chez M. Houel, le dimanche 6 mai, pour venir coucher au quartier appelé les *Trois-Rivières*. Plusieurs officiers et habitans accompagnèrent M. le Gouverneur; il ajusta quelques différens qui étaient survenus entre les habitans, et leur conseilla de planter du *cacao*, à quoi la terre était propre; en 1703, j'en ai vu quelques arbres fort beaux et bien chargés.

Le quartier des Trois-Rivières a environ quatre mille pas de large. C'est une plaine partagée en deux par la pente d'un gros morne, dans les enfoncemens duquel il y a plusieurs beaux établissemens. M. de La Malmaison commençait d'y établir une sucrerie, où j'ai depuis tracé et nivelé un canal pour faire un moulin à eau. Nous allâmes descendre chez le sieur *Rigolet*, lieutenant de milice du quartier, où nous nous trouvâmes fort à l'étroit.

Le lundi nous visitâmes la grande et la petite Anse; la journée du lendemain fut employée à tracer des retranchemens nouveaux, à corriger et augmenter les anciens, et le mercredi sur les sept heures, nous partîmes pour retourner à la Basse-Terre, en traversant le pays appelé *le Dos-d'Ane*, qui a servi de retraite aux femmes, aux enfans et aux vieillards, comme dans un lieu fort et hors d'insulte, pendant que les Anglais attaquaient le fort de la Basse-Terre, en 1691. Sur le soir, je rentrai à mon couvent du Baillif.

Le 3 juin, sur les cinq heures du soir, je m'embarquai sur un bateau appartenant à un nommé *le Blanc*, pour retourner à la Martinique. Nous mouillâmes aux *Saintes* avant minuit. Je m'aperçus dans ce petit trajet, que notre barque était pesante et mauvaise voilière, mais il était trop tard. Je descendis et fus dire la messe à l'église de ces deux îles, qui se trouve dans la *Terre-de-Bas*. La *Terre-de-Haut* me parut plus grande. Dans l'un et dans l'autre, il y a de bonne terre dans les revers des mornes et dans les fonds. Les sommets des mornes, quoique pierreux, sont assez couverts de bois. Le manioc, les patates, les pois, le coton, le tabac et les volailles y viennent en perfection. Il y a aussi beaucoup de chèvres et de cochons, et quelques bêtes à cornes. La pêche y est très-bonne, et l'on trouve dans les rochers beaucoup de coquillages, d'écrevisses de mer, des homars et des congres. L'eau douce y manque, et l'on est réduit à conserver l'eau de pluie dans des vases ou des tonneaux.

Après une traversée pénible, pendant laquelle nous éprouvâmes mille contrariétés, nous arrivâmes au Prêcheur, d'où je me rendis chez M. Michel, où je fus reçu à l'ordinaire. Le 13, j'arrivai au Fonds Saint-Jacques à l'heure du dîner, où le P. Supérieur me fit promettre de demeurer jusqu'à ce que les constructions que l'on faisait à notre sucrerie fussent achevées, ou du moins en état d'être continuées sans mon assistance.

La *chaux* dont on se sert aux îles du Vent est une plante qui croît dans la mer. On la pêche dans les endroits qui n'ont pas plus de trois brasses de profondeur. Le pied de cette plante est rond ou ovale; il s'élargit et se partage en plusieurs branches qui font comme une main à plusieurs doigts : c'est ce qui lui a fait donner le nom de *pate de chaux*. Elle est tendre avant qu'elle soit sortie de l'eau; mais elle se durcit à l'air. Cette plante, ou pierre, est blanche comme la neige, pesante et compacte. Elle a une odeur approchant de celle du goëmon quand on la tire de la mer, odeur qu'elle perd à mesure qu'elle se sèche. On se sert pour faire cuire cette chaux d'un four de maçonnerie ordinaire. De très-habiles connaisseurs, qui ont été aux îles, conviennent qu'elle est beaucoup meilleure que celle d'Europe, qu'elle se cuit plus aisément, et qu'elle foisonne davantage.

On trouve en beaucoup d'endroits des terres propres à faire de la *poterie* et des *briques*. Cette dernière est plus commune que l'autre. Il y a à la Martinique et à la Guadeloupe des poteries où l'on travaille les pots et les formes pour faire le sucre blanc; mais on n'y fait pas de briques, parce que le profit ne répondrait pas à la dépense.

Je me souviens qu'étant syndic de notre maison, où nous avions une poterie, un prêtre de nos amis, appelé l'*abbé du Lion*, ayant eu avis qu'il était arrivé dans l'île un potier de terre, soi-disant ouvrier en faïence, s'accommoda avec lui pour établir une faïencerie qui aurait bientôt dégénéré en poterie au préjudice de la nôtre. Je fus surpris de voir faire un four et les autres bâtimens nécessaires à cette manufacture, connaissant assez le terrain de l'abbé pour savoir qu'il n'avait point de terre propre pour cela; mais je fus bien plus étonné quand il me vint faire un long discours pour me prouver qu'on était obligé d'assister son prochain, et particulièrement ses voisins. Je lui répondis que toute notre communauté tenait à son amitié; mais qu'en lui fournissant de la terre pour sa poterie, nous ne manquerions pas de nous brouiller, car, selon le proverbe, *un potier porte toujours envie à un autre potier;* que l'envie étant l'ennemie capitale de l'union, il valait mieux qu'il abandonnât son projet de poterie, et nous le plaisir de lui fournir de la terre, pour maintenir entre nous la bonne intelligence. Ces raisons ne le contentèrent point, quoiqu'il dût savoir qu'on doit se fournir de terre avant d'entreprendre de faire des pots.

On trouve aussi aux îles des pierres blanches, rougeâtres ou violettes, propres à bâtir, et une entre autres, rayée et tachetée, que je crois être une espèce de marbre.

A la fin d'octobre, mon bâtiment fut prêt à recevoir la charpente. Le P. supérieur le vint voir et en fut content.

Je me préparais à m'en retourner au Macouba, lorsque la mort du P. Ratier, qui desservait la paroisse du Mouillage, obligea le P. Chavagnac de s'y rendre, et moi de rester en sa place à la Basse-Terre. Ce fut ainsi qu'au lieu de retourner à ma chère solitude, j'entrai dans un labyrinthe d'affaires et d'emplois, dont je n'ai pu rompre l'enchaînement qu'à la fin de 1705, lorsque je fus député par la Mission pour venir en Europe.

Aux îles, ceux qui n'ont point de terre, et qui ne peuvent ou ne veulent pas en acheter, demandent la concession d'un terrain qui n'a point encore de maître, et qui, par conséquent, appartient au roi. Ils s'adressent pour cela au gouverneur-général et à l'intendant, qui l'accordent sous la condition que le concessionnaire défrichera dans le délai de trois ans le terrain concédé, à peine d'en être dépossédé; mais cette clause judicieuse n'est point observée, et l'on voit bon nombre d'habitans qui ne se mettent point en peine de continuer le travail comme ils y sont obligés. Il est vrai que l'autorité fait quelquefois réunir au domaine du roi ces terres concédées et négligées; mais ce n'est le plus souvent qu'une cérémonie ou une peine qui ne tombe que sur quelque pauvre malheureux qui n'a pas assez de crédit pour s'exempter d'être la victime de la loi. Il ne me serait pas difficile de prouver ce que je dis ici par beaucoup d'exemples.

La concession étant accordée, on choisit un endroit un peu élevé pour y bâtir la maison du maître, et l'on commence à défricher par l'endroit où l'on veut faire le principal établissement. On sème aussitôt des pois, du mil et du maïs; on fait des pepinières d'orangers et de citroniers, et quand les pepins ont produit un jet de huit à dix pouces de haut, on les lève de terre pour les transplanter dans les lieux où l'on veut faire les lisières.

Les *orangers* et les *citronniers* ne sont point originaires de l'Amérique : ce sont les Espagnols et les Portugais qui les y ont apportés. Les orangers viennent d'Asie; la Chine produit les meilleurs. Nous avons aux îles quatre sortes d'oranges : les *aigres*, les *douces*, les oranges de la *Chine* ou du Portugal, et celle de la *Barbade*, qu'on appelle aussi *Chadec*, du nom de celui qui l'a apportée à la Martinique. Cet oranger croît plus vite et porte du fruit beaucoup plutôt que les autres. On en a vu qui, ayant été semés de graine, ont rapporté à trois ans et demi. Le fruit est très-gros, et rien au monde n'est plus beau en ce genre. J'en ai vu de près de dix pouces de hauteur, sur près de vingt-quatre pouces de circonférence. Leur écorce est de douze à seize lignes d'épaisseur. La chair en est blanche, molle, légère, spongieuse et pleine d'un suc acide et peu agréable. On ne les emploie jamais qu'en confiture.

Un arbre dont on ne peut se passer sur une habitation est un *calebassier*. J'en ai vu de très-grands et gros qu'on avait changés de place deux ou trois fois sans qu'ils en eussent reçu la moindre incommodité. Il porte toujours des fleurs et des fruits. On connaît que les calebasses sont mûres quand la queue qui les attache à l'arbre se flétrit et se noircit ; pour lors on les détache, on les vide, et on s'en sert à une infinité d'usages dans un ménage. C'est la vaisselle ordinaire et la batterie de cuisine des nègres, des Caraïbes et de la plupart des petits habitans. La pulpe des calebasses sert à guérir les brûlures et différentes maladies.

Cette arbre n'est pas le seul qu'on a soin de planter dans les nouvelles habitations. En voici d'autres qui n'y sont pas moins utiles, et que les bons habitans ne négligent jamais.

L'arbre qu'on appelle aux îles *cocotier* ou *cocos* est le même qu'on nomme *palmier* dans les grandes Indes. On prétend qu'il est autant d'années à rapporter du fruit, qu'il a été de mois en terre avant de pousser son germe. On tirerait les mêmes avantages du cocos aux îles, qu'on en tire aux Indes, si on voulait s'en donner la peine et en planter un plus grand nombre; mais on n'en plante le plus souvent que par curiosité et pour en avoir le fruit, dont l'eau est agréable, la chair délicate, et l'écorce propre à faire des tasses et autres ustensiles. On peut regarder cet arbre comme un faisceau de feuilles et de branches liées ensemble, qui se développent à mesure qu'il les pousse par son centre et par son sommet. Ses branches, semblables à des panaches, ont neuf à dix pieds de long; elles sont garnies de part et d'autre, tout le long de leur nervure, de feuilles étroites, longues de plus d'un pied, fortes, liantes, et d'un assez beau vert. Le sommet, ou la tête du cocotier, est si tendre qu'on le mange comme le choux palmiste, qu'il surpasse en bonté et en délicatesse : il a un certain goût de noisette ou d'amande que le palmiste n'a pas. Le cocotier fleurit tous les mois, de sorte qu'il paraît toujours couvert de fleurs et de fruits qui mûrissent, les uns après les autres, toute l'année. Lorsque le fruit est mûr, il a six à sept pouces de diamètre, dans son milieu, et neuf à dix pouces de hauteur. Il n'est pas exactement rond, mais plutôt triangulaire. L'enveloppe qui environne la noix, est composée de grosses fibres, ou filasse, dont on fait des cordages. La noix étant dépouillée de son enveloppe, a encore quatre ou cinq pouces de diamètre, et six à sept pouces de hauteur. Quand on la perce en débouchant les trois ouvertures qui s'y trouvent, il en sort une liqueur blanchâtre comme du petit lait, qui est sucrée, avec une petite pointe d'aigreur fort agréable. Quand la noix est mûre, cette eau se fige, et forme dans le dedans de la noix, une matière très-blanche semblable à du lait caillé, ayant le goût de la noisette et du cul d'artichaux. C'est un manger délicat qui rafraîchit beaucoup. On se sert des noix pour faire des tasses, des cuillers, et autres meubles.

Nous avons des *Dattiers* aux îles, mais en petit nombre, et cela par la négligence des habitans, qui se privent d'un des meilleurs fruits qui soient au monde. Cet arbre, que l'on nomme aussi Palmier dans le Levant et en Barbarie, vient à peu près comme le Cocotier.

Le *Palma-Christi*, que les Caraïbes et les habitans des îles, appellent *Carapat*, est un arbrisseau si utile, qu'on n'oublie jamais d'en cultiver un bon nombre dans les habitations. Ses feuilles approchent un peu de celles de la vigne, quoiqu'elles soient beaucoup plus petites, plus minces et plus rudes. Ses gousses, semblables à une petite châtaigne, s'ouvrent facilement en les pressant entre les doigts; il en sort une amande comme une fève ordinaire, un peu plus plate d'un côté que de l'autre, extrêmement lisse, polie, luisante, de couleur brune, avec de petites lignes, filets et points qui composent comme une espèce de feuillage qui paraît argenté. Le dedans de cette amande est blanc, d'une consistance assez ferme, huileuse, et d'un goût amer. On s'en sert à faire l'huile qui porte le nom de l'arbrisseau. Elle est bonne pour plusieurs maux, et, pour l'éclairage, on la préfère à l'huile de poisson, car elle fait une lumière plus vive, sans fumée, et sans mauvaise odeur.

Le *Corosollier* est un arbre qui vient de la grandeur et de la grosseur d'un poirier médiocre. Il fleurit et porte du fruit deux fois l'année. Son fruit étant dans sa parfaite maturité, a depuis quatre jusqu'à six pouces de diamètre, et huit à neuf pouces de hauteur. On en trouve qui pèsent sept à huit livres. Sa figure approche toujours de celle d'un cœur un peu mal formé. Son écorce épaisse est d'un beau vert, gai, marquée et partagée comme en écailles. La substance renfermée dans cette écorce est toute blanche, de la consistance à peu près d'un melon bien mûr, et fort délicate.

Le *Cœur de bœuf* est une seconde espèce de *corosollier*. Ce nom lui a été donné à cause de sa couleur et de sa forme qui le font ressembler à un cœur de bœuf. Sa substance est blanche tirant sur le jaune, de la consistance d'une crême bien épaisse; elle est douce et un peu fade.

La troisième espèce de corosollier, ou *cachiman*, est le *pommier de canelle*. C'est un petit arbrisseau, dont le fruit n'excède guère la grosseur d'un œuf d'oie, et semblable à la pomme de pin. Sa substance a un goût agréable de canelle et de girofle. Ce fruit est chaud et ami de la poitrine. On en fait des pâtes, des marmelades, etc.

On peut dire que de tous les fruits de l'Amérique ceux qui sont d'un plus grand usage sont la *Banane* et la *Figue*. Cette dernière est une espèce de Banane. Les arbres, ou pour parler plus juste, les plantes qui les portent, sont si semblables qu'on ne peut les distinguer quand on ne voit pas leur fruit.

La Banane a environ un pouce de diamètre, et dix à douze pouces de long. Sa peau, qui est lisse et verte, avant que le fruit ait atteint sa perfection et sa maturité, jaunit lorsqu'il est mûr. Elle renferme une substance jaunâtre, sans aucunes graines, mais seulement quelques fibres assez grosses, qui semblent représenter une espèce de *crucifix* mal formé, quand le fruit est coupé par son travers. Les Espagnols prétendent que c'est là le fruit défendu, et que le premier homme vit en le mangeant le mystère de sa Rédemption par la croix. Il n'y a rien d'impossible là dedans; Adam pouvait avoir meilleure vue que nous, ou la croix de ces bananes était mieux formée;

quoiqu'il en soit, il est certain que ce fruit ne se trouve pas seulement dans l'Amérique, mais encore dans l'Afrique, dans l'Asie, et surtout aux environs de l'Euphrate, où était, dit-on, le Paradis terrestre. Quand la banane est très-mûre, sa peau devient noire, et le dedans ressemble à du beurre. Son goût est celui du coing et de la poire de bon-chrétien, joints ensemble. C'est une très-bonne nourriture, qui n'a d'autre défaut que d'être un peu venteuse, quand on la mange crue. L'arbre qui produit ce fruit ne se plante point. Il ne porte jamais qu'une seule fois, après quoi, soit qu'on le coupe ou non, il décline peu à peu, se flétrit, se sèche, et tombe; mais sa racine, qui est une grosse bulbe ronde, a bientôt poussé d'autres rejetons qui, dans douze à quatorze mois, portent du fruit.

Le bananier a toute sa grandeur à l'âge de neuf mois; il a pour lors neuf à dix pouces de diamètre, et dix à douze pieds de hauteur. A cet âge, il pousse de son centre un jet ou tige d'un pouce et demi de diamètre, et de trois à quatre pieds de long, qui se couvre presque tout de petits boutons d'un jaune tirant sur le vert. Le bout de cette tige s'élargit et forme un gros bouton comme une espèce de cœur, de six à sept pouces de longueur, sur trois pouces de diamètre. Les fruits qui succèdent aux petits boutons dont la tige est garnie, la font pencher vers la terre par leur pesanteur. On appelle cette tige, chargée de son fruit, un *régime* de bananes, qui n'est entièrement mûr que quatre mois après que la tige s'est couverte de boutons. Un régime contient ordinairement depuis trente jusqu'à cinquante bananes, selon la bonté du terrain. La banane est bonne de quelque manière qu'on la mange. Tous les animaux de quelque espèce qu'ils puissent être, les chats mêmes, sont friands de ce fruit, ce qui est une grande preuve de sa bonté. Il est des bananes qu'on appelle *musquées.* Elles sont beaucoup plus courtes et plus délicates que les bananes ordinaires.

La *figue* diffère de la banane en grandeur, en goût et en qualité. Elle n'a jamais guère plus de six à sept pouces de longueur sur douze à quinze lignes de diamètre. Étant cuite, elle est amie de la poitrine, point venteuse, et d'une digestion très-aisée.

Il croît dans toute l'Amérique une plante qui a tant de rapport avec le bananier et le figuier, qu'il n'est pas possible de les séparer : c'est le *balisier.* Son tronc, ses feuilles, sa racine, ses rejetons, sa manière de pousser sont les mêmes; mais il ne produit que trois ou quatre fleurs dont l'utilité n'est pas connue, du moins jusqu'à présent. Au commencement elles sont vertes avec un peu de jaune sur les bords, qui change enfin en rouge fort vif. On est sûr d'avoir de l'eau là où se trouvent des balisiers : il suffit de les percer d'un coup de couteau, et présenter son chapeau ou un vase pour recevoir deux ou trois pintes d'une eau très-bonne, très-claire, et toujours très-fraîche, quelque chaleur qu'il fasse. Le cœur du balisier guérit les érysipèles; les filets ou fibres de cette plante servent aux Indiens à faire de la toile.

Le sucre, dont on fait une si grande consommation dans toutes les parties du monde, est le suc d'une canne ou roseau, qui, étant purifié, cuit, blanchi et séché, se transporte partout, et se conserve aussi long-temps qu'on le préserve de l'humidité ou de l'eau qui le fait dissoudre. Son extrême douceur pourrait le faire appeler un *sel doux* (1).

On dit que ces roseaux sont originaires des Indes orientales; que les Espagnols et les Portugais en apportèrent les premières plantes, et qu'ils commencèrent à les cultiver dans les îles de Madère et des Canaries. C'est le sentiment de quantité d'auteurs; mais peut-être aussi n'est-ce que l'opinion de celui qui l'a écrit le premier, et que les autres ont suivie et copiée, sans s'inquiéter si elle était bien ou mal fondée. Je ne prétends rien dire de ce qui peut être arrivé aux îles de Madère et aux Canaries, cela ne regarde point mon sujet, mais pour ce qui est de l'Amé-

---

(1) Le sucre et sa fabrication étant aujourd'hui connus de tout le monde, il devient inutile d'en parler longuement, comme l'a fait le P. Labat, à une époque où les détails qu'il donne pouvaient être intéressans. On se bornera ici à des renseignemens généraux sur cette production. (*Note de l'Éditeur.*)

rique, j'ai trop de raisons, et elles me paraissent trop évidentes, pour douter un moment que les cannes à sucre ne soient aussi naturelles aux îles et à la terre-ferme de l'Amérique, qu'elles le peuvent être aux Indes orientales.

Les premiers Français qui se sont établis à Saint-Christophe, à la Martinique et à la Guadeloupe, y ont trouvé des cannes à sucre, et c'est avec ces cannes naturellement crues et nées dans le pays, qu'on en a provigné et multiplié l'espèce que l'on cultive aujourd'hui. Je défie qu'on puisse me prouver qu'on en a apporté du dehors.

Les Anglais furent les premiers en état de faire du sucre à Saint-Christophe; les histoires de leurs colonies marquent que ce fut en 1643. Les Français de la même île les imitèrent bientôt; on n'en fit à la Guadeloupe qu'en 1648, sous la direction des Hollandais, qui s'y réfugièrent après la déroute du Brésil. On en fit à la Martinique un peu plus tard qu'à la Guadeloupe, et, à la Barbade, environ à la même époque qu'à Saint-Christophe.

Qu'on dise tout ce qu'on voudra des travaux des forges de fer, des verreries et autres; il est constant qu'il n'en est point de plus rude que celui d'une sucrerie, puisque les ouvriers des premières n'ont tout au plus que douze heures de travail par jour, au lieu que ceux des sucreries en ont dix-huit, et que sur les quatre heures qu'ils ont en deux fois pour dormir, il faut qu'ils en ôtent le temps de leur souper, et souvent celui d'aller chercher des crabes pour se nourrir :

car il y a beaucoup d'habitans qui ne donnent à leurs esclaves que de la farine de manioc.

Pendant le travail, il arrive souvent des accidens funestes à ceux qui desservent les moulins à sucre, surtout quand c'est un moulin à eau, dont le mouvement est si rapide, qu'il est physiquement impossible de l'arrêter assez tôt pour sauver la vie au nègre ou à la négresse dont les doigts se trouvent pris entre les tambours ou rouleaux du moulin entre lesquels on introduit les cannes. En pareil cas, le plus court remède est de couper promptement le bras d'un coup de serpe, pour ne pas voir passer une personne au travers des rouleaux. A cet effet, on doit toujours tenir à portée une serpe sans bec, bien affilée, pour s'en servir au besoin.

Les Anglais se servent de ce tourment pour punir les nègres qui ont commis quelque crime, ou les Indiens qui viennent faire des descentes sur leurs terres. Je n'ai point vu ces sortes d'exécutions; mais je les ai apprises de témoins oculaires et dignes de foi. Ils lient ensemble les pieds de celui qu'ils veulent faire mourir, et après lui avoir également lié les mains à une corde passée dans une poulie attachée au châssis du moulin, ils élèvent le corps, et mettent la pointe des pieds entre les tambours, après quoi ils font marcher les quatre couples de chevaux attachés aux quatre bras, et laissent filer la corde qui lie les mains, à mesure que les pieds et le reste du corps passent entre les tambours. Je ne sais si on peut inventer un plus affreux supplice.

J'ai vu à la Guadeloupe un moulin tourné par des ânes. Il avait été construit par un menuisier qui, ayant gagné de quoi acheter quelques nègres, se mit en tête de devenir sucrier. Ce moulin était propre, bien fort et bien entendu, et le propriétaire avait voulu montrer son habileté en n'y employant point de fer; l'ouvrage me plut beaucoup.

Il y en avait un autre de cette façon au Fonds de Carnanville, près le fort Saint-Pierre de la Martinique, qui appartenait à un habitant nommé *Pierre Roy*. Il était aussi tourné par des ânes, un desquels fut cause d'un procès assez singulier.

C'est la coutume des nègres de donner aux animaux que leurs maîtres achètent, les noms de ceux qui les ont vendus. Ce Pierre Roy avait acheté un âne d'un sergent exploitant, nommé *Durand*, à qui les nègres ne manquèrent pas de donner le nom de *Durand*. Ce Durand, âne, étant un jour attaché près du moulin, se détacha et s'enfuit dans la savane; et comme cela lui arrivait souvent, parce qu'il était fort malin, soit de sa nature, soit parce qu'il avait été élevé par un sergent, le maître qui le vit fuir, résolut de le châtier d'une manière qui lui fît perdre cette mauvaise habitude. Il cria aux nègres qui étaient aux fourneaux, de courir à *Durand*, de l'amarrer et de lui donner cent coups de bâton; il arriva dans le moment que le maître donnait cet ordre, que Durand, sergent, était dans la savane, venant à la maison de Pierre Roy pour y faire quelque signification : s'entendant nommer, il crut que ce commandement le regardait, et il n'en douta plus quand il vit que trois à quatre nègres se détachaient armés de bâtons, et couraient vers lui, parce que *Durand*, l'âne, était aussi de ce côté-là; il craignit tout de bon qu'on en voulût à sa peau, et se mit à fuir de toutes ses jambes. *Durand*, l'âne, en fit autant, et les nègres qui criaient en courant après lui, les épouvantèrent tellement tous deux, que Durand, sergent, courut près d'une demi-lieue, sans oser regarder derrière lui. Il trouva enfin une maison dans laquelle il se jetta tout hors d'haleine; il ne manqua pas de prendre à témoins de sa fuite, les gens qu'il y trouva, et de leur dire que Pierre Roy avait fait courir ses nègres après lui pour l'assommer à coups de bâton. Il fit son procès-verbal de rébellion, qui fut signé par des témoins, et arrivé chez lui il se fit saigner, de crainte que la course qu'il avait faite, et la peur qu'il avait eue, ne lui causassent quelque maladie. Il présenta requête au juge; il y joignit son procès-verbal, et se flattait par avance que cette affaire lui vaudrait quelques centaines d'écus. Le juge informa, et après l'audition des témoins, il décerna un ajournement personnel contre Pierre Roy. Celui-ci ayant comparu, et étant interrogé à qui il avait ordonné de donner cent coups de bâton, répondit que c'était à un de ses ânes; qu'il s'étonnait qu'on le fît venir en justice pour cela; qu'il avait cru jusqu'alors qu'il lui était permis de faire châtier ses nègres et ses ânes, sans en demander la permission. Le juge reprit qu'il ne s'agissait pas d'un âne, mais d'un officier de justice qui était allé chez lui; qu'il avait ordonné à ses nègres de le prendre, de l'amarrer et de lui donner cent coups de bâton; l'autre nia le fait, et demanda qu'on lui représentât cet officier de justice qui se plaignait. Sur quoi Durand, sergent, ayant paru, il soutint que son allégation était véritable, et voyant un des nègres qu'il supposait avoir couru après lui, il l'indiqua au juge, qui, l'ayant fait approcher du tribunal, et l'ayant interrogé sur le fait, reconnut clairement que les coups de bâton n'avaient point été ordonnés pour Durand le sergent, mais pour *Durand* l'âne. Il fit une réprimande au sergent, et renvoya Pierre Roy de l'action intentée contre lui, avec permission de faire donner à *Durand*, l'âne, autant de coups de bâton qu'il jugerait à propos, et Durand, sergent, fut condamné au dépens.

En 1694, le sucre brut ne valait que quarante à cinquante sols le cent en argent. On donnait les billets de sucre encore à meilleur marché. On le passait en troc de marchandises sur le pied de soixante sous. Il demeura à ce prix jusqu'en 1696, époque à laquelle l'espérance d'une paix prochaine le fit rechercher, afin de donner du travail aux raffineurs de France, dont le nombre s'était augmenté considérablement, surtout à Nantes, de sorte que vers la fin de la même année, il vint jusqu'à 4 liv. 10 s. le cent. On le porta l'année suivante à cent sous, et on le vendit jusqu'à neuf francs dans le cours de l'année 1698.

La paix de Ryswick et l'augmentation de commerce élevèrent le prix du sucre. Il n'y avait pour lors à la Martinique que quatre ou cinq raffineurs ayant privilége, et qui ne prenaient pas moins de sept livres de sucre brut, du meilleur qui se trouvât et à leur choix, pour rendre, quatre ou cinq mois après, une livre de sucre blanc; de sorte que les habitans travaillaient toute l'année pour enrichir les raffineurs, et s'appauvrissaient de plus en plus. Cela leur ouvrit enfin les yeux; les uns arrachèrent leurs cannes et plantèrent de l'indigo; d'autres se mirent à cultiver le cacao et le roucou, et négligèrent la fabrique du sucre brut; d'autres, plus sages, et qui furent imités peu à peu par un plus grand nombre, commencèrent à blanchir leurs sucres, comme quelques-uns avaient vu qu'on les blanchissait au Brésil, à Caïenne et en plusieurs habitations de la Guadeloupe. On fit venir des ouvriers de ces lieux-là; on en appela de France et de Hollande, de manière qu'au commencement de l'année 1695, il y avait déjà à la Martinique plusieurs habitans qui blanchissaient leurs sucres; dès lors les raffineurs manquèrent de pratiques.

Le premier qui s'adonna à cette manufacture, fut un nommé *Martin*, qu'on appelait *le Fou*, pour le distinguer d'un autre du même nom, qui, quoiqu'il parût avoir plus de sagesse, n'avait pas eu l'esprit de commencer un pareil établissement, qu'on peut dire avoir été la source des grands biens dont cette île s'est remplie.

C'est ainsi que s'est établie à la Martinique la manufacture de sucre blanc, et que le sucre brut, dont on faisait par conséquent une petite quantité, est monté à un prix très-haut, ce qui rapportait aux habitans un profit si considérable, que si la paix eût duré encore quelques années, les îles seraient devenues un second Pérou. On doit être persuadé de cette vérité, quand on saura qu'en 1700, 1701 et au commencement de 1702, les sucres blancs, terrés ou raffinés, ont été vendus 42 liv. le cent, et même jusqu'à 44 liv.; les sucres bruts, depuis 12 liv. jusqu'à 14 liv., et les sucres passés jusqu'à 18 liv.

Je me trouvai un jour chargé d'une étuvée de sucre de près de six cents formes, produit de notre habitation. Ce sucre ne promettait pas de donner dans la vue des marchands par sa blancheur. Un capitaine à qui je le fis voir, étant encore à l'étuve, ne voulut jamais m'en offrir plus de 17 liv. 10 s. du cent, pendant que le prix courant était de 22 liv. 10 s. Je fis piler un peu de ce sucre, et je n'en fus pas satisfait; m'étant avisé d'en râper un morceau, je trouvai que la râpe lui donnait tout un autre œil, parce que n'écrasant pas ses parties comme le pilon, il leur restait quantité de petites superficies qui réfléchissaient la lumière, et qui, par conséquent, augmentaient sa blancheur. Je fis ensuite quelques épreuves qui achevèrent de me convaincre, et j'eus le plaisir de vendre mon sucre râpé 23 francs, tandis que celui pilé n'était estimé que 17 liv. Ce secret ayant été connu, on s'en est servi avec le même succès.

De tous les raffineurs dont on se puisse servir, les

meilleurs sont les Allemands ou les Hollandais. Ils sont naturellement propres, actifs, vigilans, attachés au travail, et comme ils sont accoutumés à mettre tout à profit, jusqu'à l'eau dont on lave les chaudières et où l'on met à tremper les formes, ils tirent des cannes tout ce qu'on en peut tirer. J'en avais arrêté un, en 1704, lorsque j'étais destiné pour être supérieur de notre maison de la Guadeloupe; il était de Hambourg, et se nommait *Corneille de Jérusalem;* mais nos Pères ayant souhaité que je fusse supérieur de la Martinique, mon confrère m'écrivit qu'il aurait de la peine à se servir de ce raffineur, parce qu'il était luthérien. Ce scrupule me fit plaisir, car j'avais envie de le mettre sur notre habitation du Fonds Saint-Jacques, et je ne savais comment m'y prendre. Je répondis aussitôt qu'il n'avait qu'à me l'envoyer, parce qu'il m'était indifférent que le sucre qu'il ferait fût luthérien ou catholique, pourvu qu'il fût blanc. Le raffineur vint, et il nous fit le plus beau sucre que l'on pût voir.

Les raffineurs français n'approchent pas de l'exactitude et de l'attachement que les étrangers ont à leur ouvrage; mais les plus mauvais de tous sont les créoles, c'est-à-dire les Français nés aux îles. Ils sont d'une vanité insupportable, fainéans au dernier point, adonnés au vin et aux femmes, au jeu et à d'autres débauches; si présomptueux, si menteurs et si glorieux, que j'ai vu des habitans prêts à quitter les établissemens qu'ils avaient faits, ne pouvant souffrir les impertinences de ces sortes de gens.

Je vais dire deux mots sur la nourriture et l'entretien des esclaves.

On donne à chaque nègre, grand ou petit, trois pots de manioc par semaine, et un demi-ordinaire aux mères dont les enfans sont à la mamelle. A l'égard de la viande, le roi a ordonné qu'on donnât à chaque esclave deux livres et demie de viande salée par semaine; mais cette ordonnance n'est pas mieux observée que beaucoup d'autres, ou par la négligence des officiers qui devraient y tenir la main, ou par l'avarice des maîtres, qui veulent tirer de leurs esclaves tout le travail qu'ils peuvent sans rien dépenser pour leur nourriture; ou souvent par l'impossibilité d'avoir des viandes salées dans un temps de guerre. Les gens raisonnables suppléent à ce défaut en faisant planter des patates et des ignames, et les leur distribuant au lieu de viande, ou par quelque autre moyen dont on ne manque guère quand on en veut chercher. De ces gens raisonnables le nombre est petit.

Pour la boisson, on ne leur donne que de l'eau, et comme elle n'est guère capable de les soutenir dans leur travail, les habitans qui ont soin de leurs nègres, leur font donner soir et matin un coup d'eau-de-vie de cannes.

Les habits des nègres ne consistent qu'en un caleçon et une casaque pour les hommes; une casaque et une jupe pour les femmes. Ces casaques, de grosse toile, ne vont qu'à cinq ou six pouces au-dessous de la ceinture. Il y a des maîtres raisonnables qui donnent à chaque nègre deux de ces habillemens par an.

D'autres maîtres, qui le sont moins, ne leur donnent que deux caleçons et une casaque, ou deux jupes et une casaque; et d'autres, qui ne le sont point du tout, ne leur donnent que de la toile, avec quelques aiguilles et du fil, sans se mettre en peine par qui ni comment ils feront faire leurs hardes, ni où ils prendront pour en payer la façon, d'où il arrive qu'ils vendent leur toile et leur fil, et vont presque nus pendant toute l'année.

Quelques affaires m'obligeant de faire un voyage a Saint-Pierre, au commencement de mai 1697, j'écrivis au supérieur de notre Mission pour le prier de venir tenir ma place au Fonds Saint-Jacques pendant quelques jours; il le fit de bonne grâce et vint. Je partis aussitôt qu'il fut arrivé. J'achevai en trois ou quatre jours ce que j'avais à faire; mais lorsque je me disposais à m'en retourner à ma résidence, je me sentis attaqué d'une violente douleur de tête et de reins. Je fus d'abord saigné au pied et puis au bras. Cette dernière saignée fit désespérer de ma vie, parce que je m'évanouis, et demeurai plus d'une heure sans connaissance. Je revins enfin comme d'un profond sommeil; quelques heures après il me prit un crachement ou plutôt un vomissement de sang très-fort, épais et recuit. Cela dura près de vingt-quatre heures. Pendant ce temps mon corps se couvrit de pourpre depuis la tête jusqu'aux pieds. Je souffris de grandes douleurs le troisième et le quatrième jours. Le cinquième, je fus surpris d'une léthargie qu'on ne put vaincre. J'avais reçu les sacremens le jour précédent. J'avais cependant une espérance certaine, et comme une assurance morale que cette maladie n'aurait pas de fâcheuses suites. Je dormis près de vingt heures sans m'éveiller, et pendant ce temps j'eus une crise ou sueur si abondante qu'elle perça plusieurs matelas les uns après les autres. Je me réveillai enfin, fort surpris de me trouver dans un autre lit, et d'en voir deux dans la chambre où il n'y en avait qu'un quand je m'étais endormis. Je demandai d'abord à manger. On voulut me porter dans l'autre lit, comme on me dit qu'on avait fait plusieurs fois pendant mon sommeil, mais j'assurai que je me sentais assez de force pour y aller. En effet, je me levai et me rendis dans l'autre lit, me trouvant sans autre incommodité qu'une faim canine qui me dévorait. Le huitième jour sur le soir, je commandai à deux nègres que j'avais amenés avec moi de notre habitation, de me tenir mon cheval prêt pour le lendemain, trois heures avant le jour, et d'acheter deux ou trois volailles rôties avec du pain et du vin pour eux et pour moi, et surtout de ne dire à personne que je voulais partir.

La raison qui me faisait ainsi précipiter mon départ, était que les fourmis me dévoraient. Je n'en avais pas une seule autour de moi au commencement de ma maladie, quoiqu'en ce temps-là la Basse-Terre en fût toute couverte. On regardait comme un signe mortel quand les fourmis fuyaient les malades comme elles m'avaient fui; mais ces insectes ayant reconnu, après la crise, qu'ils s'étaient trompés, étaient revenus en si grand nombre, qu'ils semblaient vouloir me dévorer tout vivant. Cette incommodité ne se trouvant pas chez nous, j'avais résolu d'y retourner, et pour n'avoir point de procès avec les médecins et mon confrère, je voulais partir sans dire adieu à personne.

Mes nègres ne manquèrent pas de me venir avertir sur les trois heures du matin. Je me levai aussitôt; nous sortîmes doucement, et je montai à cheval. La tête me tourna un peu quand je commençai à marcher. Nous arrivâmes au morne de la Calebasse vers les sept heures. Le travail du chemin et le froid avaient tellement augmenté mon appétit, qui n'était déjà que fort grand, que je n'eus presque pas la patience d'attendre que les nègres eussent amassé quelques fougères pour m'asseoir et manger plus à mon aise. De deux chapons qu'ils avaient achetés, je leur en donnai un et je mangeai l'autre, ou plutôt je le dévorai dans un moment. Je repris ensuite la moitié de celui que je leur avais donné, et je les avertis de manger promptement. Ils le firent aussitôt, et bien leur en prit, car, pour peu qu'ils eussent tardé, ils n'auraient point déjeuné, et cependant, après avoir tant mangé, mon appétit n'était pas assouvi. Je remontai à cheval, et j'arrivai sur le soir au Fonds Saint-Jacques, où le supérieur pensa tomber de son haut quand il me vit. Je me trouvai délivré d'une maladie bien dangereuse, sans prendre aucun remède, depuis que je m'étais échappé de la Basse-Terre. Le médecin, les chirurgiens et les religieux de la Charité regardèrent ma guérison et les suites qu'elle avait eues comme la chose la plus extraordinaire qu'ils eussent encore vue.

Dans les mois de juin et juillet, nous reçûmes de France cinq religieux. On en envoya un pour me soulager du service d'une des deux paroisses, dont j'avais seul le soin depuis six à sept mois. Ce religieux, nommé *Jean Mondidier*, était de ma province, et encore fort jeune. Le supérieur me chargea de l'instruire et de veiller sur sa conduite. Il était fort sage, fort doux et d'un bon naturel; il n'avait qu'une chose qui me faisait de la peine; c'est qu'ayant aimé la chasse avant que d'être religieux, cette passion s'était réveillée si fortement en lui, que je ne pouvais lui faire entendre raison là dessus. Je craignais sans cesse qu'il ne fût mordu de quelque serpent, ou qu'il ne fût cause que le petit nègre qui le suivait n'eût le même accident. Outre cela, il tirait plus de poudre que quatre chasseurs, et perdait la plus grande partie de son temps à cet exercice. Je m'aperçus un jour qu'il manquait beaucoup de poudre dans un baril que j'avais acheté pour faire sauter des pierres. Je me doutai aussitôt que mon chasseur avait voulu s'en pourvoir d'une bonne quantité pour n'être pas obligé de m'en demander de long-temps. Je voulus m'en éclaircir, mais je n'en pus rien tirer; je crois que je l'ignorerais encore à présent sans l'accident qui me le découvrit quelques jours après.

Le 16 avril, nous fûmes priés à dîner par le P. Curé de la Grande-Anse. Pendant que nous étions à table, il survint un grand orage, et la foudre tomba sur notre maison du Fonds Saint-Jacques. Elle perça le toît en plus de mille endroits, brisa tous les carreaux de ma chambre, sur lesquels était un coffre qui renfermait encore environ quatre-vingts livres de poudre qui restaient du baril. Elle fit encore bien d'autre fracas, dont le plus extraordinaire fut de rompre en pièces le lit et la malle de mon compagnon, et de semer dans la maison, la cour et le jardin, toutes ses hardes et ses meubles, sans laisser autre chose dans la chambre que quelques paquets de gros papier où étaient renfermées plus de vingt livres de poudre qu'il avait retirée du baril. On vint m'avertir, et j'arrivai à toute bride. Je trouvai que le feu était éteint, et je vis avec la dernière surprise que la foudre avait calciné et réduit en une espèce de charbon ou de pierre noire, la poudre qui était dans ces paquets. Je ne pouvais assez admirer ce prodige. Cet événement produisit un bien qui fut de faire perdre la passion de la chasse à mon compagnon. Il s'appliqua avec succès à des choses plus convenables à son état, et pour se délasser un peu l'esprit, il entreprit d'élever et d'apprivoiser des *colibris*.

Cet oiseau est, sans contredit, le plus plus beau et le plus petit qu'il y ait au monde. Lorsqu'il est plumé, il n'est guère plus gros qu'une noisette; je parle du mâle, car la femelle est encore plus petite. Il ne paraît quelque chose que quand il est couvert de plumes. Elles sont en partie d'un vert doré, tirant sur le violet changeant, et tellement nuancé, qu'il est difficile de connaître parfaitement de quelle couleur elles sont. Ces plumes sont extrêmement fines et déliées, et couvertes d'un petit duvet surdoré, le plus fin qui se puisse imaginer. Les mâles ont sur la tête une huppe, en manière de couronne de très-belles plumes; les femelles n'en ont point. Le bec de cet oiseau est long d'environ un pouce, fort délié et un peu courbe. Il en sort une petite langue, fine, longue, et divisée en deux filets qu'il passe sur les fleurs et sur les feuilles des plantes odoriférantes pour enlever la rosée qui lui sert de nourriture. Ses ailes ont un mouvement si vif, si prompt et si continuel, qu'on a peine à les discerner; il ne s'arrête presque jamais dans un même endroit, il est toujours en mouvement, il ne fait autre chose qu'aller de fleur en fleur, sans poser le pied, et voltigeant sans cesse autour. Les enfans prennent ces petits oiseaux avec des baguettes frottées de glu ou de gomme; ils s'approchent doucement des endroits où ils les voient, en remuant en l'air leurs baguettes; le petit animal ne manque pas de s'en approcher pour découvrir ce que c'est, il y passe sa langue et demeure pris.

Vers la fin du mois de juillet, j'eus deux hôtes qui m'auraient fait plus de plaisir, s'ils étaient venus m'aider quand j'étais seul. Le premier était un religieux carme de la Guadeloupe, nommé le P. *Raphaël*, qui s'était mis en tête d'établir les religieux de son ordre à la Martinique, mais qui ne put y réussir. L'autre était un *Minime* Provençal, appelé le P. *Plumier*. Il avait été envoyé aux îles quelques années auparavant avec un autre Provençal, médecin de profession et chimiste. La cour, qui les entretenait, avait destiné le Minime pour dessiner la figure des plantes entières et disséquées, et le chimiste, pour en tirer les huiles, les sels et autres minuties dont on se sert aujourd'hui pour abréger la vie des hommes, sous prétexte de leur conserver la santé.

Le médecin, appelé *Surian*, était la copie la plus parfaite de l'avarice, ou pour parler plus juste, c'était l'avarice même. Il me suffira de dire, pour en donner une légère idée, qu'il ne vivait que de farine de manioc et d'*anolis*. Quand il partait le matin pour aller herboriser, il portait avec lui une cafetière monacale, c'est-à-dire une des cafetières qu'on fait chauffer avec de l'esprit de vin; mais comme cette dépense lui paraissait trop forte, il ne garnissait la sienne que d'huile de Palma-Christi ou de poisson. Celle qui ne lui coûtait rien était toujours la meilleure. Lorsqu'il était arrivé au lieu où il voulait travailler, il suspendait sa cafetière à une branche, après l'avoir remplie d'eau de balisier ou de fontaine, selon l'endroit où il se trouvait. Il cueillait en travaillant et goûtait les herbes qui lui tombaient sous la main, et tuait autant d'anolis qu'il croyait en avoir besoin.

Je crois avoir déjà dit que les *anolis* sont de petits lézards de sept à huit pouces de longueur, y compris la queue, qui est beaucoup plus longue que le corps. Ils sont de la grosseur de la moitié du petit doigt. Qu'on juge de ce que leur corps peut être quand il est vidé et écorché; quelle graisse et quelle substance il peut fournir aux herbes avec lesquelles on le fait cuire. Une heure ou environ avant le temps que notre avare avait fixé pour prendre son repas, il allumait sa lampe; il mettait les herbes hachées dans la cafetière avec autant d'anolis qu'il jugeait nécessaire pour en faire du bouillon; quelques graines de bois d'Inde écrasées, ou un peu de piment, lui tenaient lieu de sel et d'épiceries, et quand ce vénérable dîné était cuit, il versait le bouillon sur la farine de manioc étendue sur une feuille de balisier: c'était là son potage, qui lui servait en même temps de pain pour manger ses anolis; et comme la replétion est dangereuse dans les pays chauds, sa cafetière lui servait pour le repas du matin et celui du soir, qui tous deux ne lui revenaient jamais à plus de deux sous six deniers. C'était pour lui un carnaval lorsqu'il pouvait attraper une grenouille; elle lui servait pour deux jours au moins, tant était grande la frugalité de cet homme. J'ai pourtant ouï dire à beaucoup de gens qu'il s'écartait infiniment de cette austérité de vie quand il mangeait hors de chez lui, ou aux dépens d'autrui. Il travaillait à amollir les os, et prétendait faire bonne chère sans rien dépenser, s'il pouvait trouver ce secret; mais par bonheur pour les chiens, qui seraient morts de faim si ce galant homme eût réussi, la discorde se mit entre lui et le Minime, et il retourna en France. J'ai su, étant à Marseille, que continuant son travail de botaniste, il avait un jour apporté certaines herbes qui lui paraissaient merveilleuses pour purger doucement; et qu'en ayant fait faire une soupe, il s'empoisonna lui, sa femme, ses deux enfans et sa servante. Ainsi soit de tous ses confrères les avares.

On trouve aux îles, partout où il y a des acacias, un petit insecte qui y prend naissance, et qui se nourrit du fruit des *raquettes* : on l'appelle *cochenille*. Il est à peu près de la taille d'une grosse punaise. Sa tête ne se distingue du reste du corps que par deux petits yeux qu'on y remarque et une très-petite gueule. Le dessous du ventre est garni de six pieds. Le dos de l'animal est couvert de deux ailes qui enveloppent toute la rondeur du corps. Elles sont si fines et si délicates qu'il ne peut s'en servir que pour se soutenir quelques momens en l'air, et rendre sa chûte moins précipitée quand on le force de quitter les fruits où il se nourrissait, et où il prend la couleur qui le fait rechercher. Il ne peut supporter l'ardeur du soleil sans être bientôt consommé et réduit en poussière, ce qui fait que dès qu'il est sec, il n'a plus la figure d'un animal, mais plutôt d'une graine, presque noire, chagrinée, luisante et comme argentée. Cet insecte multiplie infiniment, car on en trouve une quantité prodigieuse, malgré ce que les fourmis, les vers et les poules, qui les recherchent avec avidité, en consomment.

L'emploi que j'avais m'obligeant d'aller tous les jours dans nos bois pour faire abattre des arbres, soit pour brûler, soit pour les bâtimens auxquels je faisais travailler, je remarquai avec peine que nos ouvriers négligeaient le *châtaignier*, comme n'étant propre que pour brûler, car c'est un des plus grands et des plus beaux de l'Amérique. Sa dureté et la difficulté que nos ouvriers paresseux trouvent à le scier, sont cause qu'ils ne veulent point s'en servir. Il me déplaisait de voir couper de belles billes de vingt à trente pieds de long, qui pouvaient porter plus de vingt pouces étant équarries, seulement pour brûler, de sorte que, malgré l'opposition des ouvriers, j'en fis mettre une pièce sur le hourt, et la fis débiter en madriers, que je trouvai très-beaux et très-bons, et je m'en servis pour toutes sortes de charpente : on a donné à cet arbre le nom de châtaignier, à cause de son fruit qui ressemble à la châtaigne, pour la forme seulement.

Je m'avisai encore de faire travailler un autre arbre que l'on n'avait jamais mis à aucun usage. On l'appelle *figuier sauvage*. Si sa bonté répondait à sa grosseur, ce serait une espèce de prodige. J'en ai vu qui avaient plus de vingt pieds de circonférence au-dessus des cuisses qui le soutenaient. Ces cuisses forment autant d'arc-boutans qui l'appuient de tous côtés, et qui occupent tant de terrain, que j'en ai mesuré qui, de l'extrémité d'une cuisse à celle qui lui était opposée, y compris le diamètre de l'arbre, faisaient plus de soixante-dix pieds de diamètre. Le bois et l'écorce de cet arbre sont presque entièrement semblables au figuier franc. Les fruits sont de petites figues qui ont un goût fade, ce qui fait qu'elles ne sont recherchées que des oiseaux. J'eus de ce bois de fort belles planches propres à faire des lambris et autres ouvrages qui ne demandent pas de bois bien fort. Les nègres s'en servent pour faire des gamelles et autres ustensiles de ménage.

Lorsque le fruit de cet arbre est mûr, c'est le rendez-vous de toutes sortes d'oiseaux, et surtout des *grives*, qui l'aiment et qui s'en engraissent à merveille. Cet oiseau est très-bon. Il y en a de deux sortes; les unes ont les pieds gris, les autres les ont jaunes.

Pendant que je suis sur le chapitre des fruits sauvages, il faut que je parle d'un de ces fruits qu'on n'a pas tant de peine à cueillir que le précédent, puisqu'il vient dans la terre, au lieu qu'il faut aller chercher l'autre dans la moyenne région de l'air. On l'appelle *pistache*, très-improprement, car il n'a rien qui approche de la véritable pistache, qui ne croît qu'en Asie. Celle dont je parle vient d'une plante qui ne s'élève guère à plus d'un pied hors de terre; elle rampe ordinairement, parce que sa tige est trop faible pour la soutenir. Le fruit se trouve en terre, où il faut le chercher. C'est une cosse attachée aux chevelures de la racine, dont le fruit a la figure d'une olive quand il est seul; mais pour l'ordinaire on en trouve deux ou trois dans chaque cosse, alors ils prennent différentes figures. Sa substance est blanche, compacte et pesante. Quand le fruit est rôti dans sa cosse, cette pellicule s'en va en poussière, et la substance blanche qu'elle renferme devient grise, et acquiert le goût et l'odeur des amandes rôties. Nos Esculapes prétendent que ces amandes sont bonnes pour l'estomac; pour moi, je crois qu'elles sont indigestes, pesantes, et qu'elles échauffent beaucoup.

Le P. Paul, supérieur-général de nos Missions, était à Saint-Domingue, lorsque les flibustiers, volontaires et nègres que l'on arma, se joignirent au sieur *de Pointis* pour l'expédition de Carthagène. Il crut devoir les accompagner parce qu'ils n'avaient personne pour leur administrer les sacremens. Il fut pris au retour par les Anglais dans le vaisseau qui servait d'hôpital, et que sa charité l'avait obligé de préférer à un autre bâtiment où il n'aurait pas eu l'occasion de secourir les blessés et les malades, ce qui était le but de son voyage. Sa prise ne lui causa aucun dommage, il ne perdit rien parce qu'il n'avait rien, et les Anglais eurent plus de respect pour sa vertu, que le sieur de Pointis qui en a parlé d'une manière si indigne, et tout-à-fait éloignée de la vérité, dans la relation de son voyage, que tous ceux qui connaissaient ce saint religieux l'ont méprisée comme la calomnie la plus noire et la plus mal digérée.

Les Anglais de la Jamaïque le traitèrent avec tout l'honneur possible, et le Gouverneur l'envoya à Saint-Thomas, comblé d'honnêtetés et de provisions pour son voyage. Nous l'avions cru mort et nous l'embrassâmes avec joie le 3 janvier 1698, au Fort

Saint-Pierre, où il fut apporté de Saint-Thomas par une barque danoise.

Le 10 avril, sur les trois heures après-midi, nous eûmes une éclipse totale de soleil. Le ciel était de la couleur qu'il a coutume d'être dans les nuits obscures, et l'on voyait paraître les étoiles. Après l'éclipse, le soleil darda des rayons si vifs, si forts et si brûlans, qu'il n'était pas possible de les supporter. Ceux qui passèrent le tropique le même jour, virent cette éclipse, et en furent épouvantés, car il n'y a guère de gens au monde plus susceptibles de préventions et de superstitions que les matelots. On a toutes les peines du monde à les faire mettre à la voile le vendredi. S'ils savent qu'il y a dans leur vaisseau des reliques, ou un corps mort, ils n'ont point de repos qu'on n'ait tout jeté à la mer, leur attribuant tout ce qui leur arrive de fâcheux. Je ne finirais pas si je voulais rapporter tout ce que je sais d'eux sur cet article.

Il pensa m'arriver en ce temps-là un accident terrible. J'étais dans la forêt à faire abattre du bois lorsque je vis un de nos nègres qui se retirait avec précipitation du pied d'un arbre où il coupait des lianes. J'en voulus savoir la raison; il me dit qu'il y avait un gros serpent entre les cuisses de cet arbre; la curiosité me porta à m'en approcher pour le voir, et comme il me montrait du bout du doigt le lieu où il était, je me trompai; je crus qu'il me montrait une cuisse plus éloignée, ce qui fit que j'avançai tout le corps sur le lieu où était le serpent, de manière que mes bras, mon visage et tout le haut de mon corps étaient à la discrétion de cet animal, qui pouvait me mordre où il aurait voulu. On peut juger de ma peur quand je vis le danger. Je me retirai bien vîte, et j'appelai du monde pour tuer le serpent. On coupa deux perches fourchues avec lesquelles deux nègres le percèrent en même temps, ce qui n'empêcha pas que l'un d'eux ne faillît être mordu. On lui coupa la tête, et ensuite on tira le corps, qui avait près de neuf pieds de long et plus de cinq pouces de diamètre. C'était assurément le plus gros que j'eusse encore vu. Sa tête avait au moins six pouces de large Quand on eut tiré le corps hors des cuisses de l'arbre et des lianes qui l'environnaient, nous nous aperçûmes que c'était une femelle qui était pleine, et en remuant le corps, nous vîmes sortir quelques petits serpens par les plaies que les fourches lui avaient faites. C'était une trop bonne prise pour la négliger. Je fis fendre le ventre d'un coup de couteau, et j'eus le plaisir de voir comment ces petits serpens y étaient renfermés. Je vis donc que les œufs étaient attachés les uns au bout des autres par une espèce de membrane. Ils étaient de la grosseur des œufs d'oie, mais plus pointus; leur coque, semblable à celle des œufs de tortue, était comme un parchemin mouillé. Les petits étaient dans ces œufs au nombre de quatorze ou quinze, longs d'environ six pouces, et de la grosseur d'un petit tuyau de plume à écrire. Ils étaient de toutes sortes de couleurs. J'en vis, dans un même œuf, qui étaient jaunes, d'autres gris-noir tachetés. Ces méchans petits animaux sortaient à mesure qu'on déchirait la coque qui les renfermait, ils se louvaient en même temps, c'est-à-dire qu'ils se mettaient en rond, la tête élevée sur leur lof, et mordaient un bâton avec lequel je les tuais. J'en comptai soixante-quatorze qui étaient contenus dans six œufs. On voit, par ce que je viens de dire, combien ces animaux multiplient. Il est certain qu'ils couvriraient le pays et le rendraient inhabitable s'ils ne se mangeaient pas les uns les autres. Les couleuvres, qu'on appelle *courresses* à la Martinique, leur font une rude guerre, et en dévorent autant qu'elles en peuvent attraper. Les hommes ne leur donnent point de quartier; les fourmis en font mourir un très-grand nombre : elles leur mangent les yeux; et je crois qu'une partie des petits meurent de faim avant qu'ils soient en état de pourvoir eux-mêmes à leur subsistance.

J'ai trouvé des serpens qui étaient accouplés : dans cet état ils sont cordés ensemble, et paraissent comme le tourillon d'un gros cable. Ils se soutiennent tout droit sur le tiers de leur longueur. Ils se regardent la gueule ouverte, comme s'ils voulaient se dévorer, s'approchant la tête l'un de l'autre en sifflant, bavant et écumant d'une très-vilaine manière. Oh! quels amours. Dans toutes les Antilles on ne voit des serpens qu'à la Martinique, Sainte-Lucie, et à Beguia, qui est un des Grenadins. Dans toutes les autres îles on ne voit que des couleuvres qui ne sont point vénimeuses, et qui même sont utiles, en ce qu'elles font la guerre aux rats.

A la fin du mois de mai, il arriva à la Martinique un vaisseau chargé de nègres venant de la côte de Juda, en Guinée, pour le compte des sieurs *Maurelet* de Marseille. J'en fus averti aussitôt par un neveu des sieurs Maurelet, nommé *Boisson,* qui avait une habitation à côté du Fonds Saint-Jacques. Comme j'avais été autorisé à en acheter pour notre habitation, et pour le couvent que nous avions résolu de bâtir, je partis sur-le-champ pour la Basse Terre, et je m'en procurai douze qui me coûtèrent 5,700 francs, payables en sucre brut, à raison de 7 liv. 15 sous le cent, dans le terme de six semaines.

C'est une loi très-ancienne, que les terres soumises aux rois de France rendent libres tous ceux qui s'y peuvent retirer. C'est ce qui fit que le roi Louis XIII, de glorieuse mémoire, aussi pieux que sage, eut toutes les peines du monde à consentir que les premiers habitans des îles eussent des esclaves, et ne se rendit enfin qu'aux pressantes sollicitations qu'on lui faisait de leur octroyer cette permission, que parce qu'on lui remontra que c'était un moyen infaillible, et l'unique qu'il y eût, pour inspirer le culte du vrai Dieu aux Africains, les retirer de l'idolâtrie, et les faire persévérer jusqu'à la mort dans la religion chrétienne, qu'on leur ferait embrasser.

Les esclaves nègres que nous avons aux îles nous viennent pour la plupart des deux compagnies d'Afrique et de Sénégal, autorisées par le roi à faire seules ce commerce. Ces compagnies ont des comptoirs et des forts dans les endroits que le roi leur a concédés; celle du Sénégal a les siens sur la rivière du Sénégal, de Gambie, et aux environs; et celle de Guinée, à Benin, Juda, Arda, et autres lieux de cette côte. Dans tous ces endroits il y a quatre sortes de personnes que l'on vend aux compagnies ou autres marchands qui y viennent traiter. Les premiers sont les malfaiteurs, et généralement tous ceux qui ont mérité la mort ou quelque autre peine. Les seconds, les prisonniers de guerre qu'ils font sur leurs voisins, dans le seul but de les vendre. Les troisièmes, les esclaves particuliers des princes, ou de ceux à qui les princes en ont donné, qui les vendent quand la fantaisie ou le besoin le leur dicte. Les quatrièmes enfin, qui font le plus grand nombre, sont ceux que l'on dérobe, soit par le commandement ou le consentement des princes, soit par certains voleurs surnommés *marchands*, qui ne font autre métier, tantôt pour eux, et tantôt pour leur prince; car il arrive souvent que ces petits rois s'engagent à fournir aux marchands européens un plus grand nombre d'esclaves qu'ils n'en ont en leur pouvoir, et quand ils se voient pressés, ils envoient ces sortes de marchands dans les villages de leurs voisins, et même dans ceux de leur dépendance, pendant la nuit, où ils enlèvent tout ce qu'ils attrapent d'hommes, de femmes, d'enfans, et les conduisent au vaisseau ou comptoir du marchand à qui on les doit livrer, lequel les marque aussitôt avec un fer chaud, et ne manque pas de les mettre aux fers pour s'en assurer.

On peut dire que ces marchands ou chasseurs d'esclaves sont de véritables voleurs de grands chemins. S'ils rencontrent quelqu'un, et qu'ils se croient les plus forts, ils se jettent dessus, le prennent, lui lient les mains derrière le dos, et lui mettent un bâillon à la bouche, si c'est un homme ou une femme, pour l'empêcher de crier; si ce sont des enfans, ils les jettent dans un sac, et lorsque la nuit est venue, ils conduisent les uns et portent les autres aux comptoirs des Européens, qui les étampent aussitôt, et les font transporter dans leurs vaisseaux, s'ils les ont en rade, ou les gardent bien enfermés jusqu'à la première occasion de les embarquer. Ce métier de voleur de nègres ne laisse pas d'être dangereux, car il faut éviter que le prince en ait connaissance, sans quoi il ferait vendre à son profit le marchand voleur, sans rien donner à ceux qui s'en seraient saisis.

En Afrique, le prix des esclaves se règle selon la quantité que les princes ou les particuliers en ont à vendre, le nombre des acheteurs et les besoins des vendeurs. On les paie en barres de fer, fusils, poudre, balles, toiles, papier, étoffes légères et autres marchandises, et surtout en *bouges*, qui sont des coquilles que l'on apporte des îles Maldives, et qui servent de monnaie courante sur toute la côte.

La traite des esclaves n'est pas le seul commerce qu'on fait sur la côte d'Afrique. On y négocie encore beaucoup d'or, des dents d'éléphans, qu'on appelle *morphy*, de la cire, des cuirs, des gommes, de la *maniguette*, qui est une espèce de poivre; on en apporte aussi des perroquets, des singes, des étoffes ou *pagnes* d'herbes et autres choses.

Lorsque les nègres amenés aux îles sont achetés et conduits à l'habitation, il faut éviter sur toutes choses, l'insatiable avarice et l'horrible dureté de certains habitans, qui les font travailler en arrivant, sans presque leur donner le temps de prendre haleine. C'est n'avoir point du tout de charité ni de discrétion que d'en agir en cette manière. Ces pauvres gens sont fatigués d'un long voyage, pendant lequel ils ont toujours été attachés deux à deux avec une cheville de fer; ils sont exténués de la faim et de la soif, qui ne manquent jamais de les faire souffrir beaucoup pendant la traversée, sans compter le déplaisir où ils sont d'être éloignés de leur pays, sans espérance d'y jamais retourner. N'est-ce pas le moyen d'augmenter leurs maux et leur chagrin, que de les pousser au travail sans leur donner quelques jours de repos et de bonne nourriture ?

Il est difficile de s'imaginer jusqu'où va le respect, l'obéissance, la soumission, la reconnaissance que les nègres ont pour ceux qui les ont tenus au baptême. Dès qu'un nègre a fait tenir son enfant à un autre, il semble qu'il lui ait cédé tous les droits qu'il avait sur son enfant; de manière que quand on les veut marier, il faut avant toutes choses qu'ils aient le consentement de leurs parrains : les filleuls, et les enfans des parrains et marraines s'appellent *frères*, et souvent s'aiment plus tendrement que s'ils l'étaient véritablement. Tous les nègres ont un grand respect pour les vieillards. Ils ne les appellent jamais par leurs noms, qu'ils n'y joignent celui de *père*. Pour peu qu'on leur fasse du bien et qu'on le fasse de bonne grâce, ils aiment infiniment leurs maîtres, et ne connaissent aucun péril quand il s'agit de leur sauver la vie, aux dépens même de la leur. Ils sont naturellement éloquens, et ils savent fort bien se servir de ce talent quand ils ont quelques choses à demander à leurs maîtres, où lorsqu'il s'agit de se défendre de quelque accusation portée contre eux; il faut les écouter avec patience si on veut en être aimé. C'est une règle générale de ne les menacer jamais. Il faut les faire châtier sur-le-champ s'ils l'ont mérité, ou leur pardonner si on le juge à propos; parce que la crainte du châtiment les oblige souvent à s'enfuir dans les bois, et à se rendre marons, et quand ils ont une fois goûté cette vie libertine, on a toutes les peines du monde à leur en faire perdre l'habitude. Rien n'est plus propre à les retenir que de faire ensorte qu'ils aient quelque chose dont ils puissent tirer du profit, comme des volailles, des cochons, un jardin à tabac, à coton, des herbages ou autres choses semblables.

Les nègres aiment le jeu, la danse, l'eau-de-vie,

et leur complexion chaude les rend fort adonnés aux femmes. Cette dernière raison oblige à les marier de bonne heure, afin de les empêcher de tomber dans de grands désordres. Ils sont jaloux, et se portent aux dernières extrémités quand ils se sentent offensés sur ce point; mais la danse est leur passion favorite. Quand les maîtres ne leur permettent pas de danser sur l'habitation, ils feront trois ou quatre lieues, après qu'ils ont quitté le travail de la sucrerie le samedi à minuit, pour se trouver dans quelque lieu où ils savent qu'il y a une danse. Il semble qu'ils aient dansé dans le ventre de leur mère.

Tous les nègres aiment à paraître et à être bien vêtus, surtout quand ils vont à l'église, aux mariages de leurs amis, ou faire quelque visite. Ils travaillent encore davantage, et s'épargnent tout ce qu'ils peuvent, afin que leurs femmes et leurs enfans soient mieux habillés que les autres. Cependant il est rare que le mari fasse manger sa femme avec lui, quelque amitié qu'il ait pour elle. J'ai souvent pris plaisir à voir un nègre, charpentier de notre maison de la Guadeloupe, lorsqu'il dînait. Sa femme et ses enfans étaient autour de lui, et le servaient avec autant de respect que les domestiques les mieux instruits servent leurs maîtres. Je lui faisais souvent des reproches de sa gravité, et lui citais l'exemple du gouverneur qui mangeait tous les jours avec sa femme; à quoi il me répondait que le gouverneur n'en était pas plus sage; qu'il croyait bien que les blancs avaient leurs raisons, mais qu'ils avaient aussi les leurs; et que si on voulait considérer combien les femmes blanches sont orgueilleuses et désobéissantes à leurs maris, on avouerait que les nègres qui les tiennent toujours dans le respect et la soumission, sont plus sages et plus expérimentés que les blancs sur cet article.

Les nègres *aradas* estiment beaucoup la chair de chien, et la préfèrent à toutes les autres. Un festin parmi eux serait regardé comme très-médiocre si un chien rôti n'en faisait pas la principale pièce. C'est une chose étonnante de voir comme les chiens aboient et poursuivent ces mangeurs de chiens, surtout quand ils sentent qu'ils en ont mangé récemment. Dès qu'il y a un chien rôti dans une case, on est bientôt averti : car tous les chiens viennent hurler autour comme s'ils voulaient plaindre la mort de leur compagnon ou se venger des meurtriers.

Les cases des nègres, du moins pour la plupart, sont assez propres. On leur donne pour l'ordinaire treize pieds de long sur quinze de large. Si la famille n'est pas assez nombreuse pour occuper tout ce logement, on le partage en deux. On couvre ces maisons avec des têtes de cannes, des roseaux ou de feuilles de palmistes. Leurs lits sont de petits réduits qu'ils pratiquent dans la division qu'ils font de leurs maisons. Le mari et la femme ont chacun le leur, et dès que les enfans ont sept à huit ans, on les sépare pour éviter qu'ils ne commencent de trop bonne heure à offenser Dieu, car il n'y a point de nation au monde plus portée au vice de la chair que celle-là.

Je fus averti un jour que sept ou huit petits nègres et négresses étaient sous des bananiers où ils faisaient des actions qui passaient leur âge, et qui montraient une très-grande malice. Le plus âgé n'avait pourtant qu'environ neuf ans. J'allai les trouver, et les ayant pris en flagrant délit, j'ordonnai à la cuisinière de la maison de les fouetter d'importance. A peine cette exécution était-elle commencée, qu'un de nos vieux nègres me vint prier de faire cesser, parce qu'il avait quelque chose à me dire. Je voulus bien avoir cette complaisance pour lui, et je dis à la cuisinière de s'arrêter. Ce nègre me demanda s'il n'était pas vrai que j'avais mis un tel nègre, qu'il me nomma, avec le tonnelier pour apprendre à faire des barriques. Je lui répondis qu'oui. *Hé bien!* me dit-il, *t'a-t-il apporté des barriques?* Non, repris-je, parce qu'il n'y a que peu de jours qu'il est en apprentissage, mais il apprendra peu à peu et ensuite il en fera. *Toi, tenir esprit*, me dit-il, *pour tonnelier, mais toi bête pour petits hiches-là; pourquoi toi faire battre eux?* Je lui en dis la raison; mais il me répliqua encore une fois que j'étais bête. Et pourquoi? lui dis-je. *Parce que*, me répondit-il, *que quand ils seront grands, tu les marieras, et tu voudras qu'ils te fassent des hiches,* c'est-à-dire des enfans, *tout aussitôt, et comment veux-tu qu'ils les fassent s'ils n'ont pas appris tout doucement quand ils étaient jeunes? Vois M. B*****, (c'était un de nos voisins qui n'avait point d'enfans), *il n'a point d'enfans, parce qu'il n'a pas appris à en faire quand il était petit.* Je voulus faire entendre raison à mon harangueur; mais il ne fut pas possible; il en revenait toujours à dire que tous les métiers doivent s'apprendre dès sa jeunesse, ou qu'autrement on n'est jamais bon ouvrier.

On donne aux nègres quelques coins de terre dans les endroits éloignés de l'habitation, ou proche des bois, pour y faire leur jardin. On leur permet d'y vaquer les fêtes après le service divin, et pendant le temps qu'ils retranchent de celui qu'on leur donne pour leurs repas. J'ai déjà remarqué qu'ils sont vains et glorieux, je dois ajouter qu'ils sont railleurs à l'excès, et que peu de gens s'appliquent avec plus de succès qu'eux à connaître les défauts des personnes, et surtout des blancs, pour s'en moquer entre eux, et en faire des railleries continuelles. Ils sont fort fidèles les uns aux autres, et souffriraient plutôt les plus rudes châtimens que de se déceler. Lorsqu'ils sont trouvés saisis de quelque vol, c'est un plaisir de voir comme ils font les étonnés; il semble qu'il n'y ont eu aucune part, et il faut être habile pour ne pas s'y laisser tromper. Mais quand ils ont à faire à des gens qui les connaissent, leur dernière ressource est de dire que *c'est le diable qui les a trompés;* et comme le diable n'est pas toujours là présent, ni d'humeur d'avouer ce qu'on lui impute, on les fait châtier pour le larcin et pour le mensonge.

C'est la coutume de tous les nègres d'attribuer aux blancs toutes les mauvaises qualités qui peuvent rendre une personne méprisable, et de dire que c'est leur fréquentation et leur mauvais exemple qui les gâtent. De sorte que s'ils voient quelqu'un d'entre eux qui jure, qui s'enivre, ou qui fait quelque mauvaise action, il ne manquent pas de dire : « *C'est un misérable qui jure comme un blanc, qui s'enivre comme un blanc, qui est voleur comme un blanc, etc.* »

Il est rare que les nègres soient chaussés, c'est-à-dire qu'ils aient des bas et des souliers. Il n'y a que quelques personnes de qualité, et encore en très-petit nombre, qui fassent chausser ceux qui leur servent de laquais. Tous vont ordinairement nus pieds, et ils ont la plante des pieds assez dure pour se passer de souliers. Quand ils sont assez riches pour avoir des boutons d'argent, ou garnis de quelques pierres de couleur, ils en mettent aux poignets et aux cols de leur chemise. Lorsqu'ils ont la tête couverte d'un chapeau, ils ont bonne mine. Je n'ai jamais vu aucun nègre qui fût bossu, boiteux, borgne, louche, ou estropié de naissance. Lorsqu'ils sont jeunes ils portent deux pendans d'oreille, comme les femmes; mais dès qu'ils sont mariés, ils n'en portent plus qu'un seul. Les négresses portent des pendans d'oreilles d'or ou d'argent, des bagues, des bracelets, et des colliers de petite rassade à plusieurs tours, ou des perles fausses avec une croix d'or ou d'argent. Tout ceci doit s'entendre des nègres ou négresses qui travaillent assez en leur particulier pour acheter toutes ces choses à leurs dépens; car, excepté les laquais et les femmes de chambre, il s'en faut bien que les maîtres leur donnent ces ajustemens; comme les négresses sont pour l'ordinaire fort bien faites, pour peu qu'elles soient habillées, elles ont fort bon air. J'en ai vu des deux sexes faits à peindre. Ils ont la peau extrêmement fine, le velours n'est pas plus doux. Plus ils sont d'un beau noir luisant, plus ils ont les traits réguliers, plus on les estime. Ceux du Sénégal, de Gambie, du Cap-Vert, d'Angole, et de Congo, sont d'un plus beau noir que ceux de la Mine, de Juda, d'Issigni, d'Arda, et autres lieux de cette côte. Généralement parlant, ils sont d'un beau noir quand ils se portent bien, mais leur teint change quand ils sont malades, et cela se connaît en eux aussi facilement que dans les blancs, parce qu'ils deviennent alors d'une couleur de bistre et même de cuivre. Ils sont fort patiens dans leurs maladies; quelques opérations qu'on leur fasse, il est rare de les entendre crier ou se plaindre. On ne peut pas dire que c'est l'effet de l'insensibilité; car ils ont la chair très-délicate, et le sentiment fort vif; cela provient d'une certaine grandeur d'âme, et d'une intrépidité qui leur fait mépriser le mal, les dangers, et la mort même. J'en ai vu rompre tout vifs sans qu'ils jettassent aucun cri. De cette intrépidité et de ce mépris qu'ils font de la mort, naît une bravoure qui leur est naturelle. Ils en ont donné des preuves dans un grand nombre d'occasions et entre autres à la prise de Carthagène; et l'on sait que toutes les troupes ayant été repoussées vivement à l'attaque du fort de la Bocachique, les nègres qu'on avait amenés de Saint-Dominique, l'attaquèrent d'une manière si hardie, et avec tant de vigueur qu'ils l'obligèrent à se rendre. Ils ont conservé le quartier du Prêcheur, quand les Anglais attaquèrent le fort Saint-Pierre de la Martinique en 1693; ils les resserrèrent tellement dans leur camp de ce côté-là, qu'ils n'osèrent jamais s'en écarter, ni tenter de brûler et de piller le quartier. Ils firent parfaitement bien à la Guadeloupe en 1703, et l'on peut dire qu'ils détruisirent plus d'ennemis que tout le reste de nos troupes.

On a vu par ce que j'ai dit de la nourriture que les maîtres sont obligés de donner à leurs esclaves, qu'ils n'ont pas de quoi faire grand chère : heureux encore si leurs maîtres leur donnent exactement ce qui est porté par les ordonnances du roi! ils ne laissent pas cependant de s'entretenir avec ce peu, en y joignant le produit de leurs jardins, les crabes, les grenouilles etc., qu'ils se procurent. Ils ne tuent leurs volailles que quand ils sont malades, et leurs cochons que lorsqu'ils font quelque festin. Excepté ces deux cas, ils les vendent, et emploient l'argent qu'ils en retirent, en poisson et viande salée qui leur font plus de profit.

Le plus considérable de leurs festins est celui de leur mariage. Quoique le maître y contribue beaucoup, cela ne suffirait pas. Tous les nègres de l'habitation, et tous ceux qui sont invités, ne manquent pas d'apporter quelque chose pour la noce, et un présent aux mariés. Il faut bien des cérémonies avant d'en venir à la conclusion du mariage, car il y a des distinctions dans le rang qu'ils tiennent parmi les autres esclaves; de manière que la fille d'un commandeur ou d'un ouvrier ne voudra pas épouser le fils d'un nègre de jardin, c'est-à-dire qui travaille simplement à la terre, et ainsi des autres degrés qui leur tiennent lieu de noblesse. Les nègres nouveaux ne sont pas si difficiles, et on les contente aisément.

Dès que les nègres se sentent malades, ils se bandent la tête, se font suer, et ne boivent que de l'eau chaude. Il est rare d'en trouver qui mangent des herbes crues, comme nous mangeons la salade et quelques autres légumes; ils disent que cela n'est bon que pour les bœufs et les chevaux qui n'ont pas l'esprit de faire cuire leurs herbes.

Il est presque impossible d'apaiser les querelles des nègres, quand ils ont une fois commencé à se battre; je vais raconter une histoire sur ce sujet. Notre habitation du Fonds Saint-Jacques de la Martinique, nous avait été donnée par M. du Parquet, seigneur et propriétaire de l'île; et comme il avait, ainsi que toute sa maison, beaucoup de bonté pour notre Mission, il voulut nous établir auprès de lui, en nous donnant un terrain à côté de celui qu'il s'était réservé à Sainte-Marie de la Cabesterre. Pour empêcher qu'il n'arrivât dans la suite des temps quelque contestation entre ses héritiers et nous, pour nos terres, si elles étaient contiguës, il jugea à propos de laisser un espace de deux cents pas entre nos habitations. Ce terrain fut concédé dans la suite à un nommé *Lecaudé-Saint-Aubin*, qu'on disait être un assez mauvais arpenteur, mais qui montra qu'il en savait assez pour duper ceux qui se croyaient plus habiles que lui. En effet, à peine fut-il en possession de ce petit terrain, qu'il demande qu'on fixât un rumb de vent pour établir les lisières des deux habitations entre lesquelles il se trouvait, et se servit si bien de son savoir faire, qu'au lieu d'un rumb de vent qui devait lui donner deux cents pas de large sur toute la hauteur, il en établit deux qui, en s'éloignant l'un de l'autre, lui firent une habitation, qui se trouva en avoir dix-huit cents, quand on eut mesuré jusqu'à trois mille pas de hauteur. Le tout, comme on le voit, aux dépens des habitations voisines, c'est-à dire de la nôtre, et de celle de M. du Parquet, qui était tombée entre les mains du sieur *Piquet de la Calle*, commis principal de la compagnie de 1664.

Le chagrin que les maîtres eurent de cette supercherie était passé à leurs esclaves, toujours très-disposés à épouser la querelle de leurs maîtres; en sorte qu'il y avait toujours eu des démêlés entre les esclaves, qui en étaient venus très-souvent aux mains. La mort de cet habitant avait ralenti la fureur de cette petite guerre; on n'y pensait plus depuis que la sucrerie de Saint-Aubin était tombée en d'autres mains, et ses nègres partagés entre cinq ou six enfans qu'il avait laissés. Un accident que je vais dire ralluma l'ancienne guerre.

Je fus averti que l'habitant qui avait eu la sucrerie de Saint-Aubin avait fait ouvrir le corps d'un de ses nègres qui était mort, et qu'en ayant fait tirer le cœur, il l'avait mis dans la chaux vive, avec certaines cérémonies qu'il n'est pas nécessaire de rapporter ici. Cet homme avait perdu quelques nègres, et s'imaginant que leur mort était l'effet de quelque maléfice, il prétendait faire mourir le sorcier par cette cérémonie, et lui brûler le cœur à mesure que la chaux consommait celui du mort. Cet avis m'embarrassa beaucoup, parce que je ne voulais rien avoir à démêler avec cet homme, qui était d'une humeur bien étrange. Je lui dis mon sentiment, avec toutes les précautions possibles, sur le scandale qu'il donnait à la paroisse, et les plaintes qui m'en avaient été portées. Il reçut très-mal l'avis que je lui donnais; il me répondit qu'il était le maître de ses nègres, aussi bien quand ils étaient morts que quand ils étaient vivans, et que je n'avais qu'à faire cesser les maléfices des nègres de notre habitation qui faisaient mourir les siens. Le petit nègre qui me suivait, ayant entendu ces propos, les rapporta aux nôtres. Ceux-ci, pour se venger de cette fausse accusation, attendirent ceux de ce voisin, le dimanche suivant, et les battirent complètement. Je fis châtier nos nègres, et dire au voisin de retenir les siens; mais au lieu de le faire, il eut l'imprudence d'épouser la querelle de ses esclaves, et s'étant mis à leur tête avec le commandeur blanc, ils se jetèrent sur les nôtres, qui passaient à travers la savane, et les maltraitèrent beaucoup, ce qui leur fut facile, parce que depuis la première batterie je ne souffrais pas qu'ils portassent ni couteaux ni bâtons. Quelques négresses, qui s'étaient sauvées, appelèrent à leur secours des nègres des habitations voisines; ils vinrent en grand nombre sur le champ de bataille où les nôtres se défendaient à coups de pierre. Ce secours rendit bientôt la partie inégale. Le maître des attaquans et son commandeur eurent tous deux la tête cassée, et furent obligés de s'enfuir. Plusieurs nègres furent blessés de part et d'autre. J'accourus de la Trinité, où j'avais été pour mes affaires, et ce ne fut pas sans peine que je parvins à rétablir l'ordre.

Le 3 novembre 1698, je fus attaqué de la dyssenterie; ce mal dangereux n'eut pas de suites; je me rendis au Mouillage afin d'y changer d'air. Le 25 juin 1699, étant sorti de la maison un peu avant le jour, pour mettre en besogne les ouvriers qui travaillaient au bâtiment de notre couvent, j'entendis du bruit dans une maison qui était vis-à-vis de notre église. La curiosité m'en fit approcher de plus près, et comme je connaissais le maître de cette maison, j'y entrai par la porte de la boutique qui était ouverte. Je fus surpris d'entendre qu'il coulait quelque liqueur du plafond, dont plusieurs gouttes tombèrent sur mon habit. Je sortis pour voir ce que c'était, et je fus bien étonné quand je vis que c'était du sang. J'appelai le maître de la maison et un jeune homme qui logeait avec lui, à qui j'avais donné les derniers sacremens quelques jours auparavant, parce qu'il avait été attaqué de la maladie de Siam; mais voyant que personne ne me répondait, quoique j'entendisse du bruit dans la chambre, je ne doutai point qu'on n'eût commis quelque meurtre. La première pensée qui me vint, fut que le maître de la maison, qui était fort brutal et fort sujet au vin, avait tué le jeune homme qui logeait chez lui. Cet homme s'appelait *Croissant*. Il était de

Paris, fils, à ce qu'on disait, d'un chandelier demeurant à la porte Saint-Denis, aux Trois Croissans.

Accompagné de quelques-uns de nos nègres, je montai doucement à la chambre, et l'ayant trouvée entr'ouverte, je voulus entrer; mais je fus repoussé assez rudement par le jeune homme qui ferma la porte sur lui au verrou, et lui ayant demandé d'où venait le sang qui tombait du plancher, il me répondit que ce n'était rien. Je connus alors que je m'étais trompé; et que c'était Croissant qui avait été assassiné. Comme je l'entendais encore se remuer et se plaindre, je descendis, et ayant fait apporter une pince de fer, je fis enfoncer la porte. Nous trouvâmes le jeune homme à demi-vêtu, couché dans son lit, qui faisait semblant d'avoir peur que nous ne fussions venus pour le tuer, comme on avait tué Croissant, à ce qu'il disait. Nous découvrîmes enfin ce dernier renversé sous des matelas, des chaises et des tables, qui expirait, tellement meurtri et défiguré, que cela faisait horreur.

On saisit le jeune homme. On remarqua qu'il avait la naissance des ongles pleine de sang; ce qui ayant donné lieu à le faire déchausser, on vit que ses pieds, ses jambes et ses genoux en étaient tout remplis, et comme il lui manquait beaucoup de cheveux d'un côté, on s'aperçut que Croissant les tenait dans sa main. Cet assassinat, dont il était facile de connaître l'auteur, nous surprit tous : car ce Croissant était un homme extrêmement robuste et vigoureux, qui aurait mis en pièces dix personnes comme ce jeune homme.

On trouva dans un coin de la chambre le marteau dont il s'était servi pour commettre le meurtre : il était tout rouge de sang; on trouva enfin, dans la paillasse du lit où ce jeune homme couchait, un couteau ensanglanté, qui fut reconnu, par un des assistans, pour être le même qu'il lui avait emprunté deux jours auparavant, et qu'on lui avait vu aiguiser la veille avec beaucoup de soin.

Le jeune homme ayant été conduit en prison, on lui fit son procès. Il nia d'abord, mais il avoua ensuite son crime : il déclara qu'il y avait été porté par la crainte que Croissant ne fît vendre à vil prix quelques marchandises qu'il possédait, ainsi qu'il l'en avait menacé, pour se payer de ce qu'il lui devait pour sa nourriture depuis qu'il était chez lui; qu'il avait attendu que Croissant fût bien endormi, après s'être retiré tard et fort ivre; qu'il l'avait frappé d'abord d'un coup de marteau à la tempe, et d'un autre sur le front, puis d'un coup de couteau dans la gorge, et de tous les autres dont on l'avait trouvé blessé. Cet assassin fut rompu vif, puis étranglé devant la maison où il avait commis le crime. Il s'appelait Louis ***, il était fils d'un marchand de l'évêché de Nantes, où il avait des parens très-riches.

Je ne sais quelle étoile avait passé cette année sur la Martinique, mais on n'y avait jamais vu un tel désordre et un si grand nombre de fous. Beaucoup de gens, sans fièvre et sans aucun mal apparent, eurent des transports au cerveau, perdirent le jugement, et se mirent à courir les rues, où ils faisaient mille extravagances.

L'un d'eux étant venu sonner à la porte de notre couvent, le P. Cabasson, qui se trouvait dans la salle, alla lui ouvrir. Ce fou, qu'on ne connaissait pas encore pour tel, lui demanda s'il n'était pas le supérieur, et ayant su qu'il l'était, il lui dit : *Je crois que vous êtes assez homme de bien pour désirer d'être saint, et comme je vous aime, je suis venu exprès ici pour vous tuer, afin de vous faire martyr;* et en disant ces paroles, il tira un grand couteau de sa poche. Le P. Cabasson, qui n'aspirait pas si haut, et qui se contentait de mourir confesseur, lui ferma la porte au nez, qu'il barricada par derrière. *Merlet*, c'était le nom de ce fou, fut fort scandalisé de ce procédé, et dit, en se retirant, et en remettant le couteau dans sa poche :
« *Cet homme m'a bien trompé; je croyais qu'il avait envie d'être saint; mais puisqu'il en a perdu l'occasion, il ne me trouvera pas toujours d'humeur à lui procurer*

l'honneur du martyre; il viendra dix fois me le demander avant que je le fasse. »

Le même fou étant venu le lendemain dans la sacristie, lorsque je me deshabillais après avoir dit la messe, me dit qu'il avait un avis à me donner: que si je ne disais pas la messe plus vîte, il m'apprendrait à lire. Ce compliment ne me plut point du tout. Merlet était armé d'un gros bâton, j'étais seul avec lui, et il en aurait mangé quatre comme moi. Je crus qu'il fallait jouer d'adresse pour me tirer de ce mauvais pas. *Ah! monsieur Merlet*, lui dis-je, *il y a long-temps que je cherchais l'occasion de vous donner à déjeuner;* je le pris par la main comme pour le conduire au couvent, mais en passant par l'atelier où étaient nos tailleurs de pierre, je lui fis donner un déjeuner de coups de règle, dont il eut sujet de se souvenir pendant quelque temps. Je fis ensuite mes plaintes à la justice, et l'on enferma sept à huit de ces fous, qui auraient enfin causé du désordre.

Il y en avait déjà quelques-uns qui s'étaient noyés, d'autres brisés en tombant du haut des arbres et des falaises, où ils montaient pour s'exercer à voler en l'air. La prison et le bâton en rendirent quelques-uns un peu plus sages, entre autres *Merlet*, qui rebroussait chemin dès qu'il m'apercevait de loin.

La petite vérole succéda à la folie; elle s'attacha aux nègres, dont elle emporta un très-grand nombre, comme elle avait emporté, l'année précédente, quantité de femmes blanches.

La maladie de Siam recommença ses ravages plus

fortement qu'elle n'avait encore fait. Entre un très-grand nombre de gens qu'elle emporta, ceux que l'on regretta le moins, furent une troupe de commis, qui étaient venus avec un nommé *La Brunelière*, habile homme, s'il en fut jamais dans le métier de Zachée. Ils avaient amené une petite frégate pour courir autour des îles, et empêcher que personne ne pût faire le commerce avec les étrangers, quoique, selon le bruit commun, ils n'eussent pas de scrupule là-dessus quand ils pouvaient le faire pour leur compte. Les ordres religieux ne furent point épargnés par le mal de Siam : il mourut un grand nombre des nôtres à la Martinique, à la Guadeloupe et à Caïenne.

M. *de Survillié*, créole de Saint-Christophe, dont le nom est *La Guarigue*, s'acquit beaucoup de gloire dans les guerres de 1642, jusqu'en 1648, sous le maréchal de Turenne. Après la paix de Munster, il revint dans son pays où il fut nommé capitaine-colonel de toutes les milices. Lorsque la colonie française de Saint-Christophe fut détruite, le sieur de La Guarigue étant blessé, et ayant perdu son bien qui était des plus considérables de l'Amérique, fut porté à la Martinique avec sa femme et treize enfans, six garçons et sept filles. Il y est mort en 1702, couvert de blessures et de gloire, et respecté de tout le monde; laissant une famille qui n'a point dégénéré de ses vertus, et surtout de sa fidélité et de son zèle pour le service du roi.

Le lecteur m'excusera si je me suis écarté de mon sujet, pour rendre à cette famille la justice qui lui est due.

Je partis du Mouillage de la Martinique le 7 janvier 1700, dans une barque qui devait toucher à la Dominique, pour y charger des bois de charpente. Nous mouillâmes devant le carbet de madame *Ouvernard*. Cette femme sauvage était alors, comme je le crois, la plus vieille créature du monde. On dit qu'elle avait été très-belle, il y avait un peu plus de cent ans, et que ce fut à cause de cela qu'un Anglais, gouverneur de Saint-Christophe, l'avait entretenue et en avait eu un grand nombre d'enfans, entre autres cet *Ouvernard,* dont parle le P. du Tertre dans son histoire. Ce demi-Caraïbe était mort long-temps avant mon arrivée aux îles. La vieillesse de cette femme lui avait acquis beaucoup de crédit parmi les Caraïbes : elle avait eu beaucoup d'enfans outre cet Ouvernard, de sorte que son carbet qui était fort grand, était peuplé à merveille d'une longue suite de fils, de petits-fils, et d'arrière-petits-fils. Nous ne manquâmes pas de l'aller saluer dès que nous eûmes mis pied à terre. Je portai la parole, et on doit croire que mon compliment fut bien reçu, puisqu'il était accompagné de deux bouteilles d'eau-de-vie, qui est le présent le plus agréable pour un sauvage. Elle me demanda quand viendrait le P. Raymond. C'était un de nos religieux qui avait demeuré bien des années parmi eux à travailler inutilement à leur conversion, et qui était était mort depuis près de trente ans. Je lui dis qu'il viendrait bientôt. Ma réponse lui fit plaisir, car lui dire qu'il était mort, c'est ce qu'elle et tous les autres Caraïbes n'auraient pu croire, parce qu'ils sont persuadés qu'une personne qu'ils ont connue, est toujours en vie, jusqu'à ce qu'ils l'aient vue dans la fosse. C'est se rompre la tête inutilement que de vouloir leur faire croire le contraire.

Cette bonne femme était toute nue, et tellement

nue, qu'elle n'avait pas deux douzaines de cheveux sur la tête; elle ressemblait à un vieux parchemin retiré et séché à la fumée. Elle était tellement courbée que je ne pus voir son visage que quand elle se fut assise pour boire. Elle avait cependant encore beaucoup de dents, et les yeux assez vifs.

Le lendemain nous visitâmes l'île depuis le carbet de Mme Ouvernard jusqu'à la Cabesterre, sans trouver autre chose que des bois et trois ou quatre petits défrichés pleins de bananiers. En échange, nous vîmes les plus beaux arbres du monde. Nous étant pourvus de provisions, nous couchâmes dans les bois, où nous soupâmes très-bien et dormîmes de même. Nous arrivâmes le lendemain à un carbet où nous fûmes reçus à l'ordinaire, c'est-à-dire sans cérémonie, parce qu'elles ne sont pas d'usage en ce pays-là. On nous apporta de belles anguilles et d'autres poissons que nous fîmes rôtir ou bouillir, mais il fallut saler nos sauces avec de l'eau de la mer, car les Caraïbes ne se servent point de sel, et nous avions oublié d'en apporter avec nous.

Pendant six jours nous parcourûmes toute la Cabesterre depuis la pointe qui regarde le Macouba de la Martinique jusqu'à celle qui se trouve en face de Marie-Galante, et nous fûmes bien reçus dans tous les carbets où nous allâmes. J'achetai un *hamac de mariage* et quantité d'autres bagatelles, le tout payable en toile. En général, la terre de la Dominique est bonne et de même nature que celle des autres îles. Le manioc y vient très-bien. Celui d'osier est le plus cultivé, car ils le préfèrent à l'autre. Je vis dans quelques cantons des bananes et des figues plus belles que dans nos îles. Ils ont des patates et des ignames en abondance, beaucoup de mil et de coton. Les Caraïbes laissent leurs volailles en liberté autour de leurs carbets; elles pondent et couvent quand il leur plaît, et amènent leurs poussins à la maison pour chercher à vivre; ils nourrissent quelques cochons, et on en trouve beaucoup de marons.

Le huitième jour, nous retournâmes au carbet de Mme Ouvernard. La Dominique peut avoir trente à trente-cinq lieues de circuit. Elle est arrosée de quantité de rivières dont les eaux sont excellentes. Le poisson d'eau douce y est en grande quantité et très-bon. Il y a une soufrière comme à la Guadeloupe, mais moins haute que celle-ci. Toute cette terre est montagneuse, les fonds en sont beaux et les revers propres à tout ce qu'on y voudrait planter. J'avais entendu parler d'une mine d'or qu'on prétend être auprès de la soufrière; je m'en informai sans en pouvoir rien apprendre, soit que les Caraïbes ne me jugeassent pas assez de leurs amis pour me confier un tel secret, soit qu'ils veuillent le cacher aux Européens qui viendraient aussitôt s'emparer de ce trésor, et les chasser du pays, ce qui serait facile, car, à la réserve de deux ou trois carbets, j'ai vu tout ce qu'il y a de gens dans cette île, et je ne crois pas que le nombre excède beaucoup celui de deux mille âmes, dont les deux tiers sont femmes et enfans : quoi qu'il en soit, j'ai vu un morceau de cet or entre les mains du P. Cabasson, qui disait le tenir d'un certain M. *Dubois*, qu'on prétendait être gentilhomme quoique sa vie obscure ne le fît pas trop croire. Son habitation, qui était à la Martinique au morne Saint-Martin, entre la pointe du Prêcheur et le Potiche, lui donnait la commodité de faire de fréquens voyages à la Dominique où il avait beaucoup de liaisons avec les Caraïbes, de qui, selon les apparences, il avait eu l'or, et peut-être le secret du lieu d'où ils l'avaient tiré. Cet or n'était point encore purifié. Il faut croire que le sieur Dubois a des raisons pour ne pas se servir plus avantageusement qu'il ne fait de cette découverte; le temps peut-être nous l'apprendra.

Il y a à l'est et à l'ouest de la grande savane, à cinquante lieues sous le vent, une île qu'on appelle la petite île d'*Anes*, ou *des Oiseaux*, pour la distinguer d'un autre plus grande du même nom, qui est au vent du *Corossol*, où périt l'armée navale du comte d'Estrées en 1678. Je fais cette remarque, qui est un peu hors d'œuvre à la vérité, parce que bien des gens croient que c'est une île imaginaire. Comme cette île manque d'eau douce, elle n'est fréquentée que de ceux que le hasard y conduit.

Le séjour que je fis à la Dominique me donna lieu de voir de près et d'examiner à loisir les mœurs et les usages des Caraïbes. J'en veux faire part à ceux qui liront ces Mémoires, sans m'assujettir à garder d'ordre, mais comme je les trouve écrites dans mon journal.

Ils se lèvent tous avant le lever du soleil, et sortent

aussitôt du carbet pour leurs nécessités : ils ne les font jamais auprès de leurs maisons, mais dans quelque lieu un peu éloigné, où ils font un trou qu'ils recouvrent ensuite avec de la terre. Ils vont aussitôt se baigner à la mer, quand ils ne sont point à portée d'une rivière. Lorsqu'ils sont de retour, ils s'assoient au milieu du carbet sur une petite selle de bois : là ils attendent que l'air et le vent les sèchent; après quoi, une de leurs femmes vient avec un petit couï rempli de roucou détrempé dans l'huile de carapat ou de Palma-Christi, afin de les *roucouer*. Elle commence par peigner. Lorsqu'en se peignant ou se grattant ils trouvent des poux, ils les croquent sous leurs dents, pour leur rendre la pareille et se venger de leurs morsures. Il n'y a que les Caraïbes et les nègres qui aient droit d'avoir des poux dans les îles : ces animaux meurent pour tous les autres dès qu'on a passé le tropique.

Pendant qu'une partie des femmes est occupée à roucouer les hommes, l'autre fait la cassave pour le déjeuné, car ils la mangent toute chaude. Dès qu'ils sont roucoués, ils mangent sans se rien dire les uns aux autres, sans faire aucun acte de civilité ou de religion. Après qu'ils ont mangé, les femmes apportent à boire, puis ils se mettent dans leur hamac ou près du feu, accroupis sur leurs talons, comme des singes, les joues appuyées sur les paumes de la main : ils restent ainsi des heures entières. D'autres travaillent à des paniers, ou à faire des flèches, des arcs, ou autre chose selon leur génie particulier, sans que personne se permette de commander rien à un autre.

Leur conversation, quand ils en ont, est fort modeste et fort paisible; il n'y en a qu'un qui parle; tous les autres l'écoutent avec attention, sans l'interrompre, le contredire, ni lui répondre que par une espèce de bourdonnement qu'ils font sans ouvrir la bouche, c'est la marque d'approbation qu'ils donnent au discours qu'on fait devant eux. Quand celui-là a achevé, si un autre prend la parole, soit qu'il parle en conformité de ce que le premier a dit, soit qu'il dise tout le contraire, il est assuré d'être régalé du même bourdonnement d'approbation. Jamais je ne les ai vu disputer ni se quereller: j'admirais cette retenue; mais ce qui est bien plus admirable, c'est que sans discours et sans querelles, ils se tuent et se massacrent fort souvent.

Leurs femmes sont obligées à l'obéissance, et les hommes en sont absolument les maîtres. Ils portent cette supériorité jusqu'à l'excès, et les tuent pour des sujets très-légers. Un soupçon d'infidélité, bien ou mal fondé, suffit pour les mettre en droit de leur casser la tête. Ce sont pour l'ordinaire les vieilles femmes qui sont cause de tous les désordres qui arrivent dans les ménages : pour peu qu'elles aient de l'aversion pour une jeune femme, elles trouvent bientôt le moyen de la décrier dans l'esprit de son mari. Les vieilles s'appellent *Bibi*, c'est-à-dire grand-mère, ou la mère de tout le monde par excellence; tout de même les vieux hommes se nomment *Baba*, c'est-à-dire le père. La vieillesse est le seul endroit qui les rend, ou qui les peut rendre un peu respectables. Ils n'obéissent à qui que ce soit et sont tous égaux. Personne ne s'avise de dire à quelqu'un d'aller ou de l'accompagner à la chasse ou à la pêche : il pourrait s'attendre à un refus bien sec. S'il a envie d'y aller, ou que la nécessité l'y contraigne, il dit simplement comme saint Pierre; *je vais pêcher;* et ceux qui veulent en faire autant lui répondent aussi laconiquement que les apôtres; *nous y allons avec vous*, et le suivent.

Il n'y a point de peuple au monde qui soit plus jaloux de sa liberté, et qui ressente plus vivement les moindres attaques qu'on y voudrait donner; aussi se moquent-ils de nous, quand ils voient que nous portons respect, et que nous obéissons à nos supérieurs. Il n'y a que les femmes à qui on commande dans ce pays-là, et quoique ce soit d'une manière douce et honnête, et qu'elles soient accoutumées à obéir dès leur plus tendre jeunesse, on ne laisse pas de remarquer qu'elles sentent tout le poids de ce joug.

Les Caraïbes ont trois sortes de langage; le premier, le plus ordinaire, et celui que tout le monde parle, et comme affecté aux hommes. Le second est tellement propre aux femmes, que bien que les hommes l'entendent, ils se croiraient déshonorés s'ils l'avaient parlé. Le troisième n'est connu que des hommes qui ont été à la guerre, et particulièrement des vieillards. C'est plutôt un jargon qu'ils ont inventé qu'une langue. Ils s'en servent dans leurs assemblées, dont ils veulent tenir les résolutions secrètes.

Les femmes et les jeunes gens n'y entendent rien. Au reste, leur langue ordinaire n'est pas si difficile qu'elle paraît l'être quand on l'entend prononcer. Elle n'est point chargée de conjugaisons, ni déclinaisons; elle a des adverbes assez significatifs : son unique défaut est d'être stérile. Celle des femmes m'a paru plus douce, et plus facile à apprendre et à prononcer. Pour celle des vieillards, je n'en puis rien dire; je crois que peu de gens en ont connaissance

Les enfans des Caraïbes s'exercent à tirer de l'arc, dès leur plus tendre jeunesse, et ils s'y rendent plus adroits qu'on ne peut se l'imaginer. Cet exercice et celui de la pêche sont les seules choses qu'ils apprennent de leurs parens; je les faisais quelquefois tirer à des sous marqués, que je mettais au bout d'un roseau planté en terre, sur lequel je les fixais avec de la cire noire. J'étais surpris en voyant que des enfans de huit à dix ans les abattaient de cinquante pas et plus, sans presque mirer, et sans manquer jamais. On peut juger par là de l'adresse de leurs pères, quand il s'agit d'abattre quelque chose, ou de donner dans un but.

Le nom de Caraïbe et de *Banaré* est chez eux un titre honorable; mais ils se fâchent quand on les traite de sauvages. Si l'on veut conserver des liaisons avec eux, il faut toujours les appeler *compère*.

Ils affectent de prendre le nom des gens de distinction qu'on leur a fait connaître comme gouverneurs du pays, ou capitaines de vaisseaux de guerre, et ils se croiraient déshonorés s'ils prenaient ceux des personnes ordinaires, ou des marchands quoique riches, car ils les regardent comme les esclaves de ceux qui commandent. Tous les vieux Caraïbes portent les noms des anciens gouverneurs, ou seigneurs des îles, et ceux d'un âge moyen prennent les noms des gouverneurs plus récens.

Lorsque des Caraïbes ont des armes à feu, ils s'en servent aussi adroitement que de leurs arcs, et on peut dire qu'il y a peu de gens qui tirent aussi juste. Ce sont d'excellens nageurs; il semble qu'ils soient nés dans l'eau et pour l'eau. Les femmes s'en acquittent comme les hommes, et lorsqu'une pirogue tourne, ce qui arrive souvent, ils ne perdent rien de leur bagage, tant leurs petits meubles sont bien attachés, et sans qu'on ait presque jamais entendu dire qu'il s'en soit noyé quelqu'un. On voit dans ces occasions, les enfans nager autour de leurs mères comme autant de petits poissons; et les mères sont assez habiles pour se soutenir sur l'eau avec des enfans à la mamelle, pendant que les hommes sont occupés à redresser la pirogue, et à vider l'eau dont elle est remplie.

On prétend que les Caraïbes savent faire venir le diable par la force de leurs invocations, et qu'ils l'obligent de répondre à leurs demandes. Tant de gens l'on dit, et le disent encore à présent, que je crois qu'on n'en doit pas douter; pour moi, je ne l'ai pas vu. Ce que je sais très-bien, c'est qu'ils n'ont aucune religion, ni aucun culte fixe; ils semblent ne connaître d'autres êtres que les matériels; ils n'ont pas même, dans leur langue, aucun terme pour exprimer *Dieu* ou *Esprit*. Ils reconnaissent, du moins confusément, deux principes, l'un bon, l'autre mauvais. Ils appellent le second *manitou*, et croient qu'il est la cause de tout le mal qui leur arrive. C'est pour cela qu'ils le prient; quant au premier, ils disent que étant *bon*, il est inutile de le prier ou de le remercier, puisqu'il donne sans cesse, et sans qu'on lui demande, tout ce qu'on a besoin.

Le jeudi 28 janvier 1700, nous fîmes nos adieux à madame Ouvernard, et partîmes sur le soir. J'avais fait une bonne provision d'arcs, de paniers et autres ustensiles de ménage, et j'avais acheté un hamac de mariage, qui était très-beau. Quoique deux personnes ne couchent jamais dans le même hamac, ceux que les mères donnent à leurs filles en les mariant, sont plus larges et plus longs que les ordinaires. A propos de mariage, il est bon de remarquer ici que les Caraïbes s'allient dans toutes sortes de degrés, excepté dans le premier. Les cousines germaines appartiennent de droit à leurs cousins; on ne leur demande pas seulement leur consentement. Un même homme prend ordinairement trois ou quatre sœurs tout à la fois pour être ses femmes.

On trouve par toutes les îles des pierres qu'on appelle *Pierre à l'œil*. On prétend que celles de la Dominique sont les meilleures; j'en fis provision. On les trouve dans le sable au fond de la mer; elles sont de la figure d'une lentille, mais plus petites, extrêmement polies, lisses, de couleur grise, ou approchant. Lorsqu'on a quelques ordures dans les yeux, on coule une ou deux de ces petites lentilles sous la paupière; le mouvement de l'œil les fait tourner tout autour de l'orbite, où rencontrant l'ordure, elles la poussent devant elle et la font sortir, après quoi elles tombent d'elles-mêmes.

Le 29 janvier, nous arrivâmes à la rade du Baillif, de la Guadeloupe. Le P. Imbert, supérieur de cette Mission, vint me recevoir au bord de la mer; il me retint à dîner, et nous allâmes ensuite à la Basse-Terre saluer M. Auger, gouverneur de l'île, et quelques autres personnes. Je commençai le lendemain à prendre connaissance des affaires de notre maison, et je me chargeai du soin de l'habitation et de la sucrerie que nous avions au Marigot.

M. le chevalier *Reynau*, ingénieur général de la marine, et M. *de La Boulaye*, inspecteur, arrivèrent à la Guadeloupe vers la fin du mois de mars. M. Reynau visita les postes que M. Auger avait résolu de fortifier, quand je fis avec lui le tour de l'île en 1696. Il examina les mémoires et les plans que j'avais faits pour tous ces ouvrages, et les approuva. Comme il avait ordre de la cour de faire l'enceinte d'une ville, il traça les fortifications qui devaient renfermer une partie du bourg de la Basse-Terre pour la joindre avec le fort, laissant le bourg Saint-François tout ouvert comme un faubourg; mais on a eu depuis d'autres affaires qui ont fait oublier celle-ci.

Le P. Imbert, étant de retour de la Martinique, me proposa de faire un voyage à *la Grenade*, où nous avions un terrain considérable qui nous avait été donné par M. le comte *de Cérillac*, ci-devant propriétaire de cette île. Je partis, le 2 septembre, dans une barque appelée *la Trompeuse*, qui devait toucher à *la Barbade*, la plus considérable des Antilles anglaises, et sans contredit la plus riche et la mieux peuplée. Le 3, nous vîmes le piton de *Sainte-Lucie*: ce sont deux grosses montagnes rondes et pointues, qui rendent cette île fort reconnaissable; et le 4, sur les sept heures du matin, nous mouillâmes dans la baie de *Carlille*, vis-à-vis la ville *du Pont*, qui est la capitale de la Barbade. Le lieutenant du port vint à notre bord; il vit nos passeports, s'informa du sujet de notre voyage, et nous offrit tout ce dont nous avions besoin. Il était avec un ministre, qui avait été prisonnier à la Martinique pendant la dernière guerre, et à qui nous avions rendu service. Il me reconnut, m'embrassa, et me fit mille caresses. Nous descendîmes; je m'étais habillé de manière à ne paraître pas ce que j'étais, moins par nécessité que pour éviter d'être suivi par les enfans et la canaille, qui ne voyaient pas souvent des oiseaux de mon plumage. Nous nous rendîmes chez le gouverneur, que nous ne trouvâmes pas; le major, qui nous reçut fort honnêtement, me demanda si j'avais quelque affaire particulière dans l'île, et m'offrit son crédit et celui du gouverneur. Je lui dis que j'allais à la Grenade, et que j'avais été ravi de trouver cette occasion pour voir une île comme la Barbade, dont les habitans étaient estimés partout. Là dessus on apporta de la bière, des pipes et des vins.

de différentes espèces. Le ministre raconta à la compagnie ce que nous avions fait pour lui, ce qui m'attira bien des complimens; à la fin il me pria d'aller passer quelques jours à Spiketoun, où était sa résidence et son ménage.

Le 6, je visitai la ville qui est belle et grande; ses rues sont droites, larges, propres et bien percées. Les maisons sont bâties dans le goût de celles d'Angleterre, avec beaucoup de fenêtres vitrées; elles sont meublées magnifiquement. Les boutiques et les magasins des marchands sont remplis de tout ce qu'on peut souhaiter de toutes les parties du monde. Le 7, nous montâmes à cheval sur les dix heures, le major, le propriétaire de notre barque et un officier, et nous allâmes saluer le gouverneur, qui était à sa maison de campagne à deux petites lieues de la ville. Il me reçut fort poliment, et m'arrêta à dîner avec le major. J'ai oublié son nom. Le gouverneur était servi comme un prince. Le dîner fut fort long; mais on eut la bonté de ne me point presser pour boire. On parla beaucoup de la guerre précédente, de nos colonies et de nos manufactures. M. *Hapleton* était de ce repas; il a depuis été gouverneur de Nieves, et y a été tué par des ivrognes : je fis connaissance avec lui; il parlait fort bien le français, qu'il avait eu le temps d'apprendre, ayant été cinq ou six ans prisonnier à la Bastille. Je passai la journée fort agréablement, et le major me ramena le soir à la ville. Je trouvai chez notre marchand le ministre de Spiketoun, qui, le lendemain, me conduisit chez lui, où je fus bien reçu de sa famille, composée de trois enfans, deux garçons et une fille. Leur mère était normande.

Le nombre des esclaves nègres qui sont dans cette île est très-considérable : on me disait qu'il y en avait plus de soixante mille. J'en doute encore : je crois qu'il peut y en avoir quarante mille ou environ, ce qui est un nombre exhorbitant pour une île comme la Barbade, qui n'a tout au plus que vingt-cinq à vingt-huit lieues de circuit.

Les Anglais ménagent très-peu leurs nègres ; ils les nourrissent mal ; la plupart leur donnent le samedi pour travailler pour leur compte, afin de s'entretenir de tous leurs besoins, eux et leurs familles. Les ministres ne les instruisent point, ni ne les baptisent : on les regarde à peu près comme des bêtes à qui tout est permis, pourvu qu'ils s'acquittent exactement de leur devoir.

On prétend que les Anglais ont découvert la Barbade, et que leur établissement date de 1627 ; j'ai peine à croire qu'il soit si ancien, car il est constant que celui des Français et des Anglais à Saint-Christophe est le premier que ces deux nations aient eu dans le golfe du Mexique, et cependant il n'a été fait qu'en 1627. Quoi qu'il en soit, leur colonie est très-riche et très-florissante ; toute l'île est découverte, défrichée et cultivée, et il y a long-temps que les forêts dont elle était couverte sont abattues et consommées. On y faisait autrefois beaucoup de tabac ; on a ensuite cultivé le gingembre et l'indigo ; on fait encore du coton en quelques endroits, mais le sucre est à présent presque l'unique chose à laquelle on s'attache. Ils ont des moulins à vent et à chevaux; pour des moulins à eau, il n'en faut pas parler, car il n'y a point de rivières pour les faire tourner, et l'eau y est quelquefois plus rare et plus chère que la bière et le vin. Ce défaut d'eau, commun à toutes les îles anglaises, excepté Saint-Christophe, leur cause de grandes incommodités, surtout à la Barbade, où ils sont réduits à conserver les eaux de pluie dans des étangs ou des mares. Pour peu que les habitans aient du bien, ils font faire des citernes, ou conservent les eaux dans des futailles ou des jarres qui viennent d'Europe.

Les habitations sont beaucoup plus petites que les nôtres, attendu que l'île n'est pas grande, et qu'elle a beaucoup d'habitans. Les chemins sont bien entretenus, et les maisons de la campagne sont mieux bâties et plus commodes que celles des villes. Je quittai Spiketoun le 14 septembre, et le 15 nous mîmes à la voile pour la Grenade.

Si le port de *la Grenade* avait été placé à l'est, comme M. de Lisle, de l'Académie des Sciences, et premier géographe du roi, le marque dans sa carte des Antilles, qu'il a publiée en 1717, notre voyage n'aurait pas été long; mais par malheur, M. de Lisle a placé à l'est ce qui est à l'ouest, et au nord ce qui est au sud; ayant travaillé sur de méchans originaux, il n'est pas extraordinaire qu'il se soit trompé : c'est en vérité bien dommage, car il y a peu de géographes plus exacts, plus laborieux et plus reconnaissans que lui. Sa reconnaissance paraît en ce qu'il a donné la qualité d'ingénieur du roi à M. *Petit*, qui lui a fourni ses mémoires, lui qui n'a jamais été qu'arpenteur juré de la Martinique. Il est vrai que tout ingénieur est arpenteur; mais il s'en faut bien que tout arpenteur soit ingénieur. M. Petit est présentement conseiller au conseil supérieur de la Martinique.

La Grenade est située par le douzième degré et un quart de latitude nord; elle est éloignée de trente lieues de la terre ferme, et de soixante-dix de la Martinique. Sa longueur est de neuf à dix lieues, et sa plus grande largeur d'environ cinq lieues. Ceux qui en ont fait le tour lui donnent vingt à vingt-deux lieues de circonférence. Cette île avait toujours été habitée par les Caraïbes seuls, jusqu'en 1650, que M. Du Parquet, seigneur propriétaire de la Martinique, l'acheta des sauvages, et y établit une colonie de deux cents hommes. Quoiqu'il eût payé ce dont on était convenu avec eux, en les laissant en possession de leurs carbets, ils se repentirent bientôt de ce qu'ils avaient fait; mais n'osant attaquer les Français à force ouverte, ils résolurent de massacrer sans bruit tous ceux qu'ils trouveraient à la chasse dans les bois, ou éloignés du fort qu'ils avaient établi. De cette manière, ils en tuèrent plusieurs; mais ayant reçu un renfort de trois cents hommes, les Français les détruisirent ou les chassèrent entièrement de l'île. M. Le Comte, qui en était gouverneur, s'étant noyé en revenant de cette expédition, M. Du Parquet nomma, pour lui succéder, *Louis de Cacqueray*, écuyer, sieur *de Valménière*, capitaine de cavalerie à la Martinique, qui la gouverna avec beaucoup de sagesse et de prudence; mais M. Du Parquet ayant, en 1657, vendu la Grenade au comte *de Cérillac*, pour la somme de 90 mille livres, ce nouveau seigneur y envoya, pour en prendre possession en son nom, un certain officier dont le caractère étant tout opposé à celui du sieur de Valmenière, fit qu'il y eut un grand nombre d'habitans qui abandonnèrent l'île et se retirèrent à la Martinique. Cela ayant augmenté la mauvaise humeur du gouverneur, il devint tellement insupportable à ces peuples par sa tyrannie, sa violence et sa brutalité, qu'ils se saisirent de lui, lui firent son procès, et le condamnèrent à être pendu. Ce pauvre gouverneur leur ayant représenté qu'il était gentilhomme, ils voulurent lui faire couper le cou; mais le bourreau n'ayant pas assez d'adresse pour entreprendre une pareille exécution, ils le passèrent par les armes. On doit croire qu'il n'y eut que le menu peuple qui trempa dans ce crime, puisque de toute la cour de justice il n'y avait que le nommé *Archangeli* qui sût écrire. Celui qui fit les informations, et qui instruisit le procès, était un maréchal-ferrant, dont on voit encore la marque dans le registre du greffe : cette marque est un fer à cheval, autour duquel le greffier Archangeli a écrit : *marque de M. La Brie, conseiller rapporteur.*

La cour, ayant été informée de cet attentat, envoya un vaisseau de guerre avec un commissaire pour en connaître; cet officier fit des informations, mais les coupables s'étant sauvés pour la plupart, on ne poussa pas plus loin les recherches. Le greffier Archangeli, que la voix publique accusait d'être l'auteur de cette affaire, fut seulement chassé de l'île : il se retira à Marie-Galante, où il demeura jusqu'en 1692, époque à laquelle les Anglais y ayant fait une irruption, ce misérable se rendit à eux, et pour gagner leurs bonnes grâces, leur déclara le lieu où M. Auger, gouverneur de l'île, s'était retiré avec les principaux habitans. Le major *Holm*, qui commandait pour les Anglais, fit pendre Archangeli et ses deux enfans à la porte de l'église, contre le droit des gens à la vérité, mais par un secret jugement de Dieu, qui voulait le punir du crime qu'il avait commis à la Grenade.

Nous mouillâmes dans le bassin de la Grenade

le 18 septembre. Dès que j'eus mis pied à terre, j'allai saluer le gouverneur : c'était le sieur de *Bellair*, homme de fortune, né à Blaye, d'une famille obscure, vif, prompt et entreprenant, beaucoup plus encore que ne le sont les peuples de la Garonne; c'est beaucoup dire. Il était entré, je ne sais comment, au service du prince d'Orange, depuis roi d'Angleterre, et avait si bien gagné les bonnes grâces de ce prince, qu'il l'avait fait commandant de Bergopzoom. Selon les apparences, le sieur de Bellair était entré avec nos généraux ou nos ministres dans quelque traité qui ne put avoir d'exécution, ce qui l'obligea de s'enfuir et de se sauver en France, où il fut fait d'un plein saut capitaine de vaisseau, et obtint le gouvernement de la Grenade. Il me reçut fort bien, et me força d'accepter sa table et sa maison.

Nous n'avons pas su tirer parti de ce pays, qui offre tant d'avantages : il est mal peuplé, sans commerce, pauvre; les maisons, ou plutôt les cabanes, sont mal bâties, encore plus mal meublées, en un mot presque comme il était lorsque M. Du Parquet l'acheta des sauvages. On voit assez, par la peinture que j'en fais, qu'il ne fut pas nécessaire que le maître de la barque me pressât de terminer les affaires pour lesquelles j'étais venu, afin de partir. M. de Bellair me prêta un cheval, et me donna un soldat pour m'accompagner à notre habitation, appelée le Fonds du *Grand-Pauvre*. Ce terrain est d'une grandeur considérable. J'y trouvai un carbet de Caraïbes, qui s'y étaient venus nicher, et trois autres maisons de Français qui avaient défriché quelques morceaux de notre terrain. Ils m'offrirent de se retirer, et je les y engageai. Je visitai le terrain, tout en chassant et en me promenant. Les perdrix, les ramiers, les grives, les ortolans, y sont en abondance, marque certaine qu'il n'y a pas grand monde dans le pays; cependant les terres en sont bonnes, et il produirait beaucoup s'il était cultivé.

Le 23, le maître de la barque ayant mis à bord sa cargaison d'indigo, de tabac, de coton et de légumes, je m'embarquai, et nous mîmes à la voile. Nous rangeâmes d'assez près les Grenadins, petits îlots environnans, mais nous n'y mouillâmes point. Celui qu'on appelle *Cariacou* a, dit-on, un port excellent. Le plus grand de ces îlots se nomme *Bequia*.

Le samedi 24, nous mouillâmes à Saint-Vincent. Cette île paraît avoir dix-huit à vingt lieues de tour. C'est le centre de la république caraïbe. Outre les sauvages, elle est peuplée d'un grand nombre de nègres fugitifs des autres îles. A peine notre barque était mouillée qu'elle fut remplie de Caraïbes et de nègres qui venaient nous voir et nous demander de l'eau-de-vie. Je descendis à terre pour voir le P. Le Breton, jésuite qui y fait la Mission depuis bien des années, et bien inutilement, toujours à la veille d'être massacré par les Caraïbes, comme l'ont été plusieurs autres de ses confrères. Tout le progrès que les Missionnaires ont fait jusqu'à présent chez ces sauvages, a été de baptiser quelques enfans qui étaient à l'article de la mort, car pour les adultes, on y a été trompé tant de fois, qu'on ne s'y fie plus. Je me rembarquai vers les sept heures, et à minuit nous mîmes à la voile. Sur les cinq heures du matin nous mouillâmes à Sainte-Lucie. Quoique cette île ne soit pas habitée par des Caraïbes, elle n'a pas l'air moins sauvage : elle n'avait alors pour habitans que des gens de la Martinique, qui y venaient faire des canots, des madriers, des planches d'acajou, et des bois de charpente. Elle avait été habitée par les Français de l'an 1640. M. Du Parquet en prit possession comme d'une terre qui était au premier occupant. Il n'y mit d'abord que quarante hommes, sous la conduite du sieur *de Rousselan*, officier de valeur et de conduite, qui a donné son nom à la rivière qui passe au fort Saint-Pierre, à cause que son habitation était sur cette rivière. Il avait épousé une femme Caraïbe, ce qui le faisait aimer des sauvages, qui le regardaient presque comme un de leurs compatriotes. M. Du Parquet, pour mettre sa nouvelle colonie à l'abri d'une insulte, fit construire une maison forte, environnée d'une double palissade avec un fossé; il la munit de canons, de pierriers et d'autres armes. Ce fut aux environs de cette maison, située auprès du Petit-Cul-de-sac et de la rivière du Carénage, qu'on commença un grand défriché, et qu'on planta des vivres et du tabac qui y vint en perfection, et qui l'emportait sur celui des autres îles.

Le sieur de Rousselan étant mort, M. Du Parquet nomma le sieur de *La Rivière* pour lui succéder. Celui-ci, qui était riche, voulut faire une habitation particulière; il négligea les précautions qu'il devait prendre pour sa sûreté : cela facilita aux sauvages le moyen de le surpredre dans sa maison et de l'y massacrer avec dix de ses gens, vers la fin de 1654. Le sieur *Haquet*, qui lui succéda, éprouva le même sort en 1656. Il eut pour successeur le sieur *Le Breton*, Parisien, d'une très-bonne famille, et fort brave; mais qui, étant venu engagé aux îles, avait porté la livrée de M. le général : cela fit que les soldats de sa garnison le méprisèrent, et lui, qui était d'une humeur hautaine et fière, les ayant maltraités, ils se révoltèrent, prirent les armes, et l'auraient tué, s'il ne se fût enfui et caché dans les bois, sans avoir pu tirer aucun secours des autres habitans, qui ne l'aimaient pas. Le sieur *Decontis* succéda au sieur *Le Breton*, et en 1657 il fut remplacé par le sieur *d'Aigremont*, gentilhomme d'une naissance distinguée. A peine y fut-il arrivé qu'il fut attaqué par les Anglais, qui y échouèrent et furent obligés de se retirer. M. d'Aigremont gouverna paisiblement, et eut le plaisir de voir sa colonie prospérer; mais il tomba à la fin dans le même inconvénient que ses prédécesseurs : il permettait aux Caraïbes d'entrer chez lui librement; il allait même à la chasse avec eux : ils en profitèrent pour l'assassiner, l'un d'eux lui ayant donné un coup de couteau dans la poitrine. Ce malheur arriva en 1660, deux ans après la mort de M. Du Parquet.

Le sieur *Bonnard*, frère de M. du Parquet, gouverna la colonie jusqu'à la fin d'avril 1664, lorsque les Anglais formèrent un corps de quatorze à quinze mille hommes, auxquels se joignirent six cents sauvages commandés par un nommé *Ouvernard*, métis d'un gouverneur anglais de Saint-Christophe et de l'indienne madame Ouvernard de la Dominique, dont j'ai déjà parlé. Ces troupes ayant opéré le débarquement sans trouver de résistance, environnèrent le fort et sommèrent le sieur Bonnard de se rendre, ce qu'il fit aussitôt fort lâchement. Comme cette action s'est passée en pleine paix, le gouverneur général des îles anglaises désavoua le colonel qui l'avait faite. On voit assez par cette conduite le peu de droit que les Anglais ont, ou ont jamais eu sur cette île. Ils en furent chassés en 1666, et depuis cette époque ils n'ont fait aucune tentative pour y entrer.

La compagnie de 1664 vendit Sainte-Lucie au roi, mais comme cette île n'avait fait aucun commerce pendant les guerres de 1672 et 1688, tous les habitans se retirèrent les uns après les autres, à la Martinique, la Guadeloupe et autres îles, plus fortes et plus capables de les mettre à couvert des pillages des ennemis. Elle a été depuis ce temps-là le refuge des soldats et des matelots déserteurs. On commence à la repeupler, et il n'y a point de doute qu'elle ne devienne une florissante colonie, si on y envoie les secours nécessaires et des gouverneurs sages et désintéressés.

Rien ne me conviait à descendre; cependant, tandis qu'on chargeait du bois, je pris le parti d'aller me promener en chassant, et quand tout fut prêt, nous mîmes à la voile et retournâmes à la Martinique. Nos

Pères me reçurent avec beaucoup de joie, et pendant le souper je rendis au P. supérieur, compte de ma mission. Il me dit qu'il fallait travailler à mettre notre terrain de la Grenade en valeur; nous en fîmes le projet, et sans la guerre de 1702 qui survint, cela aurait été exécuté, et j'aurais encore été chargé de cette corvée.

Je partis de la Martinique le lundi 3 octobre, et le mercredi nous mouillâmes à la Basse-Terre, Guadeloupe. Je trouvai le P. Imbert, supérieur de notre Mission, fort embarrassé d'un procès qui lui avait été suscité par un prêtre nommé *l'abbé du Lion*.

Cet abbé, notre proche et incommode voisin, était fils de M. *du Lion*, ci-devant gouverneur de la Guadeloupe. J'ai entendu dire à plusieurs personnes désintéressées que la maison du Lion était une famille considérable du pays de Caux en Normandie. On disait aussi que sa mère était fille d'un marchand de Langres, que M. du Lion avait épousée par amourette; il est certain qu'elle avait été très-belle. L'abbé, dont il est question, fut envoyé en Normandie pour y étudier et s'y façonner aux us du pays, en quoi il fit des progrès considérables. Il y fut pourvu d'une bonne cure; mais s'étant brouillé avec l'archevêque de Rouen, pour je ne sais quelle affaire, il fut obligé de se démettre de son bénéfice sans pouvoir se réserver une pension, quoiqu'il en eût assez grand besoin. Il fallut, après cette perte, revenir à la Guadeloupe pour discuter ses biens avec les enfans du second lit de sa mère, qui s'était remariée avec le major de l'île, nommé *Ducler*, sans se souvenir qu'elle était veuve du gouverneur.

Notre abbé, tout en arrivant aux îles, avait acheté une habitation à la Cabesterre, et quoiqu'il ne l'eût pas payée, il l'avait échangée du consentement du vendeur, avec un de nos voisins nommé *Lefevre d'Ambrié*, qui était placé justement entre nos deux habitations. Cette terre était petite, et l'abbé, qui avait de vastes desseins, l'élargissait autant qu'il pouvait, aux dépens de ceux qui se trouvaient à sa portée. Mon prédécesseur avait été assez bon pour souffrir plusieurs choses de cet homme, afin de conserver la paix; il avait presque abandonné une grande pièce de cannes où les bestiaux de l'abbé venaient paître tranquillement. Dès que je fus en charge, je le fis prier de retirer ses bestiaux de dessus nos terres. Il répondit que ces terres lui appartenaient. Je présentai requête pour faire arpenter le terrain, selon les titres de chacun; ce qui fut fait, et les anciennes bornes furent reconnues. L'abbé croyant avoir trouvé une belle occasion de montrer ce qu'il avait appris en Normandie, me fit signifier une protestation de nullité, jusqu'à ce qu'il eût recouvré tous les titres de la terre qu'il avait achetée. Je vis que ce commencement de chicane nous mènerait loin, c'est pourquoi je m'adressai à l'intendant, qui ordonna qu'on mît chacune des parties en possession de ce qui lui appartenait. Cela fut exécuté et fâcha beaucoup l'abbé contre moi. Je fis aussitôt planter du manioc et du mil dans notre terrain qui était voisin du sien, et je le priai de faire garder ses bestiaux. Il négligea cet avis : je fis prendre deux et trois fois et lui renvoyai honnêtement ses bêtes; mais à la quatrième, je les fis séquestrer, et il fallut pour les r'avoir m'envoyer un billet de cent livres de sucre pour chaque bête, outre les frais de la prise et du séquestre. Malgré tout cela ses bestiaux revenant toujours; alors je pris le parti de les faire éclaircir, et de les payer suivant l'ordonnance qui défend de les tuer quand on les trouve en dommage, ce que je faisais sans bourse délier avec les billets du seigneur abbé. A la fin, il se lassa, il fit garder ses bestiaux, et sans trois ou quatre incidens qui survinrent, je crois que nous aurions vécu en bonne intelligence.

Par malheur nos deux nègres charrons s'en allèrent marons, et je sus qu'ils s'étaient retirés chez notre abbé où ils faisaient des roues pour ses charrettes. J'obtins un ordre du gouverneur et main-forte pour les aller prendre. Quelques habitans qui étaient dans le même cas se joignirent à l'expédition, et on prit dix-sept nègres marons, du nombre desquels étaient les deux que je cherchais. Les habitans et moi nous contentâmes d'avoir nos esclaves; mais il s'en trouva sept qui appartenaient au sieur *Pasquier,* alors commis de la compagnie du Sénégal, et à présent conseiller au conseil supérieur de la Guadeloupe, homme terrible en matière d'intérêt, qui, quoique né à Paris, pouvait prêter le collet au plus habile praticien normand; celui-ci ne fut pas aussi complaisant que moi. Il exigea l'amende, et une pistole par jour pour chaque nègre, depuis le moment où il avait déclaré leur fuite au greffe, jusqu'à celui qu'ils lui seraient remis. Cette affaire suffisait pour ruiner de fond en comble l'abbé, s'il eût été ruinable; il se défendait, et Pasquier lui laissait le champ libre, parce que ses nègres étaient en prison aux frais de l'abbé, et que les pistoles couraient toujours. A la fin, des personnes d'autorité s'en mêlèrent, et obtinrent que Pasquier reprendrait ses nègres sans attendre la fin du procès. La guerre étant survenue dans ces entrefaites, les procédures furent suspendues, et les donjons du fort ayant été brûlés avec tous les papiers du greffe qu'on y avait déposés, l'abbé du Lion aurait eu sujet de se réjouir de ce malheur qui le devait préserver d'une sentence ruineuse et infamante, si la prévoyance de Pasquier ne l'avait porté à se faire expédier des doubles en bonne forme de toute la procédure; il s'en est servi, dans la suite, mais je ne me suis pas mis en peine d'en savoir le succès, parce que je quittai la Guadeloupe peu de temps après que les Anglais se furent retirés.

On voit assez par ces différentes affaires, et celle de la poterie qu'il voulait établir, dont j'ai parlé dans un autre endroit, que l'abbé n'était guère de nos amis; il crut avoir trouvé l'occasion de se venger, en nous intentant un procès au sujet d'un *Te Deum* que feu son père avait fondé dans notre église, en actions de grâces de la victoire qu'il avait remportée sur les Anglais échoués aux Saintes après l'ouragan qui fit périr leur flotte en 1666. Cette fondation dont le fonds n'était que de deux mille livres de sucre de rente, fut employée par le fondateur à l'achat d'un petit magasin dans le bourg Saint-Louis; mais il y avait bien des années que la rivière avait emporté ce magasin avec le reste du bourg, de sorte que l'obligation du *Te Deum* cessait de plein droit, puisque la rente avait cessé. Cependant nos PP. ne laissaient pas de le chanter par dévotion, mais ils se dispensaient d'y inviter ceux de la famille du fondateur.

L'abbé, profitant de mon absence, présenta une longue requête, dans laquelle il se servit de quantité d'expressions peu convenables à lui et à nous. Notre supérieur l'envoya à un nommé *Bouté*, procureur; j'arrivai dans ce moment. J'envoyai chercher le procureur et la requête, et au lieu de répondre au principal, on s'inscrivait en faux contre les qualités que l'abbé du Lion y prenait : les voici :

Supplie humblement messire Claude-Charles-Albert-Jean-Baptiste-César-Antoine du Lion de Lion, chevalier, prêtre, bachelier en Théologie, seigneur de Poinson, Poinsonnet et autres lieux, et abbé du Lion.

Quoique ces qualités paraissent un peu longues, ce n'était encore que celles des jours ouvrables; car, s'il s'agissait d'un contrat, ou de quelque autre acte important, on aurait eu aussitôt fait d'écrire les litanies des saints que les noms de baptême, des terres et des seigneuries imaginaires de cet abbé. Il fut étrangement surpris de cette procédure, à laquelle il ne s'attendait nullement; il crut que le meilleur parti était de porter ses plaintes au gouverneur, de l'insulte qu'il prétendait qu'on lui faisait; mais il ne savait pas qu'on avait pris les devans, et que le gouverneur était ravi de voir mortifier sa vanité; de sorte que notre procureur ne laissa pas d'aller son chemin, et de faire signifier ses moyens de faux. Cette signification le pensa désespérer; mais comme l'affaire était sans remède, et que le procureur prétendait lui faire rayer ses titres et qualités, il eut recours au gouverneur et le pria de l'arranger pour le mieux. Nous y donnâmes aussitôt la main. L'abbé se désista des fins de sa requête, et promit de ne nous inquiéter jamais au sujet du *Te Deum;* de notre côté, nous consentîmes à le laisser jouir paisiblement et tranquillement de tous ses noms, titres et qualités, excepté dans les procès qu'il pourrait avoir avec nous.

Le 18 novembre nous fûmes surpris de voir arriver le P. Cabasson, notre supérieur général. Il s'en allait à Saint-Domingue faire ses visites et mettre ordre à quelques différens qui étaient survenus entre nos religieux. Il me proposa de l'accompagner. Il ne fallut pas me presser beaucoup pour me résoudre à faire ce voyage, car, outre que je ne suis guère plus attaché à un lieu qu'à un autre, j'étais bien aise de voir Saint-Domingue sans être obligé d'y demeurer. Nous partîmes le 26 sur un vaisseau de Bordeaux chargé de vin, commandé par un nommé *Trébuchet*. C'était un petit ivrogne, point du tout raisonnable quand il avait bu, et que par malheur on ne trouvait jamais à jeun, à quelque heure qu'on se levât.

Nous rangeâmes d'assez près l'île de *Monsarrat* et nous arrivâmes à celle de *Saint-Christophe*, où nous descendîmes. Nous y eûmes un divertissement auquel je ne m'attendais pas, ce fut d'aller le soir à la chasse des singes. Pendant que les Anglais étaient demeurés maîtres des terres des Français, les singes qui s'étaient échappés des maisons de ces derniers pendant la guerre, se multiplièrent tellement, qu'à la reprise de possession de l'île on les voyait par grosses troupes. Ils venaient voler jusques dans les maisons, et lorsqu'on plantait des cannes, des patates ou autres choses, il fallait y faire sentinelle jour et nuit, si l'on voulait ne pas leur voir emporter tout ce qu'on avait mis en terre.

On plantait des cannes chez M. *Lambert;* nous fûmes nous y embusquer une heure avant le coucher du soleil; peu de temps après nous eûmes le plaisir de voir sortir des broussailles un gros singe, qui, après avoir regardé exactement de tous côtés, grimpa sur un arbre, d'où il examina encore tous les environs : à la fin il fit un cri auquel plus de cent voix différentes répondirent dans le moment, et aussitôt après nous vîmes arriver une grande troupe de singes de différentes grandeurs qui entrèrent en gambadant dans cette pièce de cannes, et commencèrent à les arracher et à s'en charger; quelques-uns en prenaient quatre ou cinq morceaux qu'ils mettaient sur une épaule, et se retiraient en sautant sur les deux pieds de derrière; les autres en prenaient un à leur gueule, et s'en allaient en faisant mille gambades. Quand nous eûmes assez regardé leur manége, nous tirâmes; nous en tuâmes quatre, entre lesquels il y avait une femelle ayant son petit sur son dos; il ne la quitta point, la tenant embrassée à peu près comme les petits nègres tiennent leur mère. Nous le prîmes, on l'éleva, il devint le plus joli animal qu'on pût souhaiter. Ce fut en cette occasion que je mangeai du singe pour la première fois. Il est vrai que j'éprouvai d'abord quelque répugnance en voyant sur la soupe quatre têtes qui ressemblaient à des têtes de petits enfans; mais dès que j'en eus goûté, je continuai d'en manger avec plaisir. C'est une chair tendre, délicate, blanche, pleine d'un bon suc, et qui est également bonne à quelque sorte de sauce qu'on la mette.

A propos de ce petit singe, il arriva au P. Cabasson une aventure qui mérite d'être rapportée. Il avait élevé ce petit animal qui s'affectionna tellement à lui qu'il ne le quittait jamais, de sorte qu'il fallait l'enfermer avec soin toutes les fois que le P. allait à l'église. Il s'échappa une fois, et s'étant allé cacher au-dessus de la chaire du prédicateur, il ne se montra que quand son maître commença à prêcher. Pour lors il s'assit sur le bord, et regardant les gestes que faisait le prédicateur, il les imitait avec des grimaces et des postures qui faisaient rire tout le monde. Le P. Cabasson, qui ne savait pas le sujet d'une pareille immodestie, les en reprit d'abord avec douceur; mais voyant que les éclats de rire augmentaient, il entra dans une sainte colère. Ses mouvemens plus violens que de coutume firent augmenter les grimaces et les postures de son singe, et le rire de l'assemblée. A la fin, quelqu'un avertit le prédicateur de regarder au-dessus de sa tête ce qui s'y passait. Il n'eut pas plutôt aperçu le manége de son singe, qu'il éclata de rire comme les autres, et comme il n'y avait pas moyen de prendre cet animal, il aima mieux abandonner le reste de son discours, n'étant plus lui-même en état de le continuer, ni les auditeurs de l'écouter.

L'île de Saint-Christophe est petite à la vérité,

mais elle est très-belle et bien cultivée. L'air y est pur, et si elle était un peu mieux fournie d'eau pour boire, et qu'il y eût un port, ce serait une île enchantée. Elle peut avoir quinze à seize lieues de tour, sans compter la pointe des Salines. C'est la première île que les Français et les Anglais aient habitée, après que le hasard les y eût rassemblés; elle est partagée entre les deux nations; les Français ont l'est et l'ouest, et les Anglais le nord et le sud. Comme elle fut habitée la première, ses habitans avaient eu plus de temps que les autres pour se décrasser, et ils étaient devenus si polis, et si civils qu'on disait en proverbe que la noblesse était à Saint-Christophe, les bourgeois à la Guadeloupe, les soldats à la Martinique, et les paysans à la Grenade.

Nous partîmes de Saint-Christophe le 15 décembre. Sur le soir nous aperçûmes l'île de *Saint-Eustache;* la nuit nous la cacha bientôt aussi bien que celle de *Saba*, qui n'en est pas éloignée. Nous découvrîmes Sainte-Croix le 17 au matin, et en même temps nous fûmes surpris d'un calme si profond, que nous demeurâmes deux jours sans presque changer de place. Nous passâmes ce temps ennuyeux à prendre des requins; je crois qu'ils tenaient quelque assemblée en ce lieu-là, car il est impossible d'en voir réunis un plus grand nombre. Le vent s'étant enfin levé, nous vîmes le *Cofre à mort* : c'est un îlet environ vers le milieu de la longueur de *Porto-Ricco*, qui a presque une lieue de long. Le jour de Noël nous aperçûmes les trois rochers ou petites îles qui sont au commencement du détroit, entre Porto-Ricco et Saint-Domingue. On les nomme la *Mone*, la *Monique* et *Zachée*. Nous doublâmes la *Pointe d'Engano*, et le lendemain au soir nous vîmes *Monte Christo*. C'est une grosse montagne, et une marque assurée pour trouver le *Cap*. Cette découverte réjouit tout le monde, et le lendemain au soir nous entrâmes dans le port du *Cap-Français*.

L'île de Saint-Domingue fut découverte par Christophe Colomb dans son premier voyage en 1492. Ses anciens habitans la nommaient *Haïti*. Cette île à qui on donne quatre cents lieues de tour, était partagée anciennement en cinq royaumes qui avaient chacun leur *cacique* ou souverain.

On ne connaît point de pays plus abondant que cette île; la terre y est d'une fécondité admirable, grasse, profonde, et dans une position à ne jamais cesser de produire tout ce qu'on peut désirer. On trouve dans les forêts des arbres de toutes les espèces, d'une hauteur et d'une grosseur surprenantes. Les fruits y sont plus gros, mieux nourris, plus succulens que dans les autres îles. On y voit des savanes, ou prairies naturelles, d'une étendue prodigieuse, qui nourrissent des millions de bœufs, de chevaux et de cochons sauvages, dont on est redevable aux Espanols qui en ont apporté les espèces d'Europe. Il y a peu de pays au monde où l'on trouve de plus belles, de plus grandes rivières, en plus grand nombre, et aussi poissonneuses. Il y a des mines d'or, d'argent et cuivre.

Le bourg du Cap avait été ruiné et brûlé deux fois pendant la guerre de 1688 par les Anglais et les Espagnols réunis. Il s'était rétabli depuis ce temps : il n'est point fermé de murailles ni de palissades. Il n'y avait alors pour toute défense que deux batteries, une à l'entrée du port, et l'autre au devant du bourg, toutes deux mal placées et encore plus mal entretenues. La garnison était composée de quatre compagnies détachées de la marine, qui pouvaient faire deux cents hommes. C'était plus qu'il n'en fallait dans un temps de paix. Dans les promenades que nous fîmes à une ou deux lieues aux environs du Cap, nous remarquâmes de très-belles terres, un pays beau et agréable, et qui paraissait d'un très-grand rapport. On commençait à établir beaucoup de sucreries, au lieu de l'indigo qu'on y avait cultivé jusqu'alors.

Le vendredi 7 janvier 1701, nous nous embarquâmes sur un vaisseau nantais qui allait à *Léogane*. On commençait dès lors à faire ce chemin par terre; mais peu de gens l'entreprenaient, quoique beaucoup plus court, n'y ayant que quatre-vingts lieues du Cap à Léogane, parce qu'outre sa difficulté, et l'obligation où l'on était de camper à l'air en bien des endroits, on était comme assuré d'être toujours volé en passant sur les terres des Espagnols. Nous partîmes donc dans ce vaisseau de Nantes, et le samedi au soir nous arrivâmes au *Port-Paix*. Cet endroit était autrefois le plus considérable de toute la partie française. C'est le premier lieu dont les Français se soient emparés dans l'île de Saint-Domingue, après s'être établis dans celle de la Tortue, qui est à trois lieues. C'était aussi la demeure du gouverneur, avant que le fort eût été abandonné, et le bourg ruiné pendant la guerre de 1688. L'île de la Tortue est entièrement déserte : tous les habitans qui y étaient autrefois sont passés depuis long-temps à Saint-Domingue.

En continuant notre route, nous nous trouvâmes le 12 au cap *Saint-Nicolas;* on prétend qu'il y a des mines d'argent en cet endroit. C'est un pays sec, aride et assez propre pour la production de ce métal et de l'or, qui ne viennent jamais dans de bonnes terres. Il y a à côté une anse profonde et bien couverte qui est la retraite des corsaires en temps de guerre et des forbans en temps de paix. On appelle forbans ceux qui courent les mers sans commission. Ce nom vient de *forbannis*, vieux terme français qui signifie *bannis* ou *chassés* hors de l'état. C'est à la pointe de Saint-Nicolas que commence cette grande baie de quarante lieues d'ouverture jusqu'au cap de *Dona Maria,* et de près de cent lieues de circuit, dont le plus profond enfoncement s'appelle le cul-de-sac *de Léogane.* Il y a dans cette baie plusieurs îles désertes dont la plus grande se nomme *la Gonave.*

Le dimanche 16, nous payâmes le capitaine nantais, et nous descendîmes à terre. Nous y trouvâmes des religieux qui nous y attendaient. Le bourg de *la Petite-Rivière* est composé d'environ soixante maisons, la plupart de fourches en terre, couvertes de taches. Toutes ces maisons étaient occupées par des marchands, par quelques ouvriers et beaucoup de cabaretiers.

L'Esterre est un bourg à trois lieues de la Petite-Rivière. Si j'avais été mécontent de celui où nous mîmes pied à terre, de son église et de la maison du curé, je fus en échange bien satisfait de celui-ci, et de la beauté des terres et des chemins par lesquels nous passâmes pour y arriver. Il me semblait être dans les grandes avenues du parc de Versailles: ce sont des chemins de six à sept toises de large, tirés au cordeau, dont les côtés sont bordés de plusieurs rangs de citronniers plantés en haie, et taillés comme le buis ou la charmille. Les maisons et habitations que l'on trouve le long de ces magnifiques chemins ont de belles avenues, de grands arbres, chênes ou ormes, plantés à la ligne et entretenus avec soin.

Nous fîmes nos visites au gouverneur (c'était M. *de Galifet* qui commandait en l'absence de M. Ducasse) et aux autres autorités, tant militaires que du conseil souverain. Le plus ancien conseiller était un vieux flibustier qui, depuis nombre d'années, s'était retiré de la course où il avait amassé de l'argent. Il s'était fait une très-belle habitation où nous allâmes le voir. Il s'appelait *Le Maire*. Nous vîmes aussi la plupart des autres conseillers, de qui nous reçûmes beaucoup de civilités. Nous n'eussions pas manqué de rendre nos devoirs à leur greffier (car dans ce monde on a besoin de toutes sortes de gens), mais il ne logeait point chez lui depuis quelque temps: faute de prison, il était aux fers dans le corps-de-garde, accusé d'avoir voulu forcer une jeune mariée. Comme il s'était sauvé de Nantes, où il était procureur, pour le même crime, et qu'il avait encore échappé à la justice du Cap pour la même chose, il était à craindre pour lui qu'il ne payât cette fois pour toutes les fautes passées, et cela aurait été effectivement, s'il n'eût trouvé le secret de se sauver avec ceux qui étaient attachés à la même barre de fer. Il faut croire que la délicatesse de sa conscience ne lui permettra pas de dérober à la potence ce qu'il lui doit depuis si long-temps.

Il y avait peu de temps, quand nous arrivâmes à Saint-Domingue, qu'un Gascon, gentilhomme ou se disant tel, fit violence à une femme sans que la justice y pût trouver à redire. On nous en conta l'histoire; la voici: je n'y mets rien du mien.

Ce galant homme, dont je me dispenserai de dire le nom, ayant entendu parler de la générosité de M. Ducasse, le vint trouver, ne doutant point qu'il ne fît pour lui ce qu'il avait fait pour une infinité d'autres. Il lui adressa le compliment ordinaire; puis il lui dit qu'il était un gentilhomme qui avait mangé son bien au service du roi; mais que n'ayant pas eu le bonheur d'être avancé comme il le méritait, et n'étant plus en état de continuer de servir, il avait été obligé de quitter la France, et de venir chercher fortune; qu'il espérait qu'il lui procurerait quelque moyen de se remettre en état de continuer ses services, et de sacrifier sa vie pour son prince.

M. Ducasse ne manqua pas de lui offrir sa table et sa maison en attendant quelque occasion de lui rendre service; il lui conseilla de voir le pays, et d'y chercher ce qui pourrait lui convenir. Notre gentilhomme visita quantité d'habitans qui avaient beaucoup de nègres, et comme la Gascogne est le pays des inventions plutôt que des lettres de change, il proposa à M. Ducasse d'engager tous ces habitans à lui donner ou à lui prêter chacun un nègre; car, disait-il, *le travail de leurs habitations ne sera pas diminué pour un nègre de moins, et quand j'en aurai cinquante ou soixante, je serai en état de faire une bonne habitation, et de bien rétablir mes affaires.*

M. Ducasse, qui voulait se divertir, proposa cet expédient à une nombreuse compagnie qui se trouvait chez lui, et n'ayant pas remarqué qu'on fût d'humeur à donner là dedans, il dit au Gascon qu'il fallait chercher autre chose; que s'il se sentait de l'inclination pour le mariage, un gentilhomme ne manquait jamais de trouver des avantages considérables dans le pays. Cette ouverture plut au Gascon : il chercha. Quelque temps après il dit à M. Ducasse qu'il avait trouvé un nid, que l'oiseau serait peut-être difficile à surprendre; mais que comptant sur sa protection, il espérait en venir à bout. Cet oiseau était une vieille veuve Dieppoise, qui avait eu la dépouille de six ou sept maris, et son nid, une habitation bien fournie de nègres, et de tout ce qui peut faire estimer une personne riche.

Le Gascon ayant bien médité son dessein, partit revêtu de ses plus beaux habits, monté sur un cheval de M. Ducasse. Il passa devant cette habitation, à peu près au moment du dîner : il y entra sous prétexte de se mettre à couvert d'un grain de pluie ; il fit son compliment à la vieille d'une manière qui lui fut d'autant plus agréable qu'il y avait long-temps qu'elle n'avait entendu rien de si spirituel. Elle le retint à dîner ; pendant le repas, il lui fit la cour de son mieux, et il remarqua avec joie que ses manières ne déplaisaient pas à la vieille. Dès qu'on fut sorti de table, il demanda son cheval, et prenant un prétexte pour passer à la cuisine, il distribua quelque argent aux domestiques, qui furent d'abord dans ses intérêts.

La vieille remarqua qu'il oubliait ses bottes en montant à cheval (car on doit croire qu'il s'était fait débotter avant de se mettre à table); elle lui en fit souvenir; mais il lui répondit qu'*il laissait chez elle bien autre chose que des bottes, et qu'il doutait qu'il pût jamais le reprendre.* La vieille entendit ce qu'il voulait dire, et s'en sut bon gré. Il partit. Le lendemain il ne manqua pas de revenir à la même heure. Les domestiques, que sa libéralité avait gagnés, se pressèrent d'avertir leur maîtresse de son arrivée, et de prendre son cheval; il entra en même temps où était la dame, et après l'avoir saluée : « *Madame,* lui dit-il, *ne croyez pas que je sois venu pour reprendre ce que je laissai hier chez vous, il n'est plus à moi, vous en êtes la maîtresse pour toujours.* » La vieille, croyant ou feignant de croire qu'il parlait de ses bottes, le remercia, en disant que cela n'était point à son usage, et ordonna à une servante de les rapporter; mais le Gascon lui dit qu'*il ne s'agissait pas de bottes, que c'était son cœur qu'il avait laissé chez elle; qu'il s'y trouvait si bien, qu'il n'y avait pas d'apparence qu'il en voulût sortir.* Il continua de l'entretenir sur ce ton pendant le dîner et pendant tout l'après-dîner. La nuit s'approchant, la vieille le prévint que quand il voudrait on lui amènerait son cheval. « *Hé ! pourquoi faire ?* répondit-il, *mon cœur ne sortira point d'ici, il est fait pour le vôtre; je tenterais l'impossible si je voulais les séparer. En bon français, madame, cela signifie que je vous aime, et je vous crois de trop bon goût pour ne pas me rendre le réciproque en devenant ma femme.*» Jusqu'ici les douceurs du Gascon avaient fait plaisir à la vieille; mais le mot de mariage lui fit peur. Elle prit son sérieux, elle voulut même se fâcher; le Gascon, sans se démonter, continua ses fleurettes, et jura enfin qu'il ne mettrait pas le pied hors de la maison qu'il ne fût son mari.

On soupa; et quoique la vieille parût un peu de mauvaise humeur, il ne laissa pas de l'entretenir de son amour, et de lui vouloir persuader qu'elle l'aimait, mais qu'elle voulait seulement garder quelque mesure avant de le lui déclarer. Après le souper, il trouva une chambre prête, où il se retira en souhaitant à la vieille une bonne nuit.

Il sut par les domestiques qu'un certain marchand Nantais, nommé *Gourdin*, faisait la cour à leur maîtresse, que les choses étaient fort avancées, et qu'il était attendu le lendemain matin. Le jour étant venu, et la dame levée, il entra en conversation avec elle, et ayant vu venir M. Gourdin, il se mit sur la porte de la maison avec un bâton à côté de lui. M. Gourdin, étant descendu de cheval, fut un peu surpris de voir un homme galonné et en plumet sur la porte de sa prétendue. Il s'approcha cependant d'une manière soumise ; mais le Gascon haussant la voix : « *Que cherchez-vous, monsieur, lui dit-il ; à qui en voulez-vous ?* — *Monsieur*, lui répondit humblement le marchand Nantais, *je souhaite parler à madame***.* — *A madame****, reprit le Gascon, *vous vous trompez ; c'est à moi qu'il faut parler à présent. Ne seriez-vous point, par hasard, M. Gourdin ?* — *Oui, monsieur*, dit le marchand, *à votre service.* — *Apprenez, petit marchand, que madame*** est faite pour un gentilhomme comme moi, et non pas pour un pocrin comme vous. Vous êtes M. Gourdin, et voilà monsieur bâton* (prenant le bâton d'une main et son épée de l'autre) *qui vous signifie que si vous avez jamais la hardiesse de penser à madame***, il vous brisera bras et jambes ;* » et sans autre compliment, il commença à le charger d'importance. La vieille sortit pour empêcher le désordre ; mais monsieur bâton, qui continuait toujours son action, obligea M. Gourdin de s'enfuir ; son cheval en fit autant. Le Gascon, triomphant, revint au petit pas, et jetant le bâton avec une poignée de monnaie : « *Voilà*, dit-il, *pour le maître du bâton ; il est juste de récompenser ceux qui ont eu part à la vengeance de madame.* » Puis s'adressant à la vieille, qui était fâchée ou qui la contrefaisait : « *C'est, madame, un échantillon de ce que je ferai pour vous, et comme je traiterai ceux qui vous manqueront de respect.* » Notre Gascon tourna si bien le cœur de la vieille, que le dimanche suivant on publia un ban, et ils se marièrent le lundi, s'étant fait l'un à l'autre une donation entre vifs de tous leurs biens présens et à venir. M. Gourdin s'alita dès le lendemain du mariage, et mourut six jours après. Ce mariage fit grand bruit dans l'île, et la diligence avec laquelle il avait été conclu surprit tout le monde. Les voisines de la vieille lui en ayant témoigné leur étonnement, elle leur dit, avec la naïveté naturelle des Dieppoises : « *Hé! que diable voulez-vous, il fallait bien se marier pour obliger ce Gascon à sortir de la case, car il avait juré de n'en pas sortir sans cela.* »

On prétend que tout le pays qui est depuis la rivière de l'*Artibonite* jusqu'à la plaine de *Jaquin*, du côté du sud, a été érigé en principauté, sous le nom de *Léogane*, en faveur d'une fille naturelle de Philippe III, roi d'Espagne; on dit même que cette princesse y a fini ses jours, et on voit encore les restes d'un château qu'on suppose lui avoir servi de demeure. Il était situé dans un lieu qu'on appelle à présent *le Grand-Boucan*, à deux lieues ou environ de *l'Esterre*.

Le conseil supérieur de la justice ordinaire de Saint-Domingue avait eu la générosité de gratifier le roi du titre de prince de Léogane, qu'on lui donnait dans les arrêts, après les qualités de roi de France et de Navarre. La cour les a remerciés de leur présent, et leur a défendu d'ajouter quelque chose que ce soit aux qualités du monarque, sans ses ordres exprès.

Le terrain qu'on appelle la plaine de Léogane peut avoir douze à treize lieues de longueur. C'est un pays uni, arrosé de plusieurs rivières, et propre à tout ce qu'on lui veut faire porter.

L'indigo a été la marchandise favorite de Saint-Domingue pendant un très-long temps; mais la grande quantité qu'on en faisait, l'ayant fait tomber à un prix modique, les meilleurs habitans pensèrent qu'il valait mieux faire du sucre, non-seulement pour le profit, mais encore parce qu'une sucrerie les met au rang des gros habitans, au lieu que l'indigo les retient dans la classe des petits. Telle est la vanité de nos insulaires !

La course, la prise de Carthagène, les deux pillages de la Jamaïque et d'autres endroits, et le commerce qui s'est introduit depuis la paix de Riswick en différens lieux de la terre-ferme, ont rempli le pays d'une grande quantité d'or et d'argent monnoyé. On y joue à la fureur, on s'y traite magnifiquement, et chacun fait de son mieux pour étaler ses richesses et faire oublier l'état dans lequel il est venu à la côte, et le métier qu'il a fait. Je pourrais faire ici un long dénombrement de ceux qui étant venus *engagés*, ou *valets de boucanniers*, sont à présent de si gros seigneurs, qu'à peine peuvent-ils se résoudre à faire un pas sans être dans un carosse à six chevaux ; mais peut-être que cela leur ferait de la peine, et je n'aime pas d'en faire à personne.

Les chevaux ne sont pas chers ; on en trouve des légions dans les bois et dans les savanes naturelles. Il est aisé de remarquer par leurs airs de tête qu'ils viennent tous de race espagnole. On en prend quantité avec des *éperlins* ou nœuds coulans faits avec des cordes et des lianes. La plupart des chevaux pris de cette manière sont ombrageux, et on a beaucoup de peine à les guérir de ce vice. Quand ils entrent dans une rivière, ils hennissent et frappent du pied dans l'eau, comme si la nature leur avait donné cet instinct, pour épouvanter et chasser les *crocodiles* ou *caïmans* qui se tiennent dans l'eau comme sur terre. Les *chiens sauvages* et ceux qui vont ordinairement à la chasse ont le même instinct. Comme ils sont souvent la proie des caïmans, en passant les rivières, ils s'arrêtent sur les bords, et jappent de toutes leurs forces, de sorte que souvent les chasseurs sont obligés de les porter sur leurs épaules. Des chasseurs m'ont assuré que jamais aucun caïman n'a attaqué un homme, quand il a eu quelque animal avec lui: c'est toujours sur l'animal qu'ils se jettent. Ces animaux sont peu à craindre quand ils nagent; il faut que pour pouvoir faire du mal ils soient appuyés sur leurs pattes. Au reste, il est aisé de découvrir un caïman quand on se trouve sous le vent, parce qu'il a une odeur de musc si forte et si pénétrante, qu'on le sent de fort loin. Il en a pour l'ordinaire six vessies, deux au bas du ventre, et une sous chaque jointure de ses cuisses.

Nos Français de la côte de Saint-Domingue, à l'exemple des Espagnols, appellent *Cèdres*, les arbres que nous appelons *acajous* aux îles du vent; je ne parle pas ici de ces acajous qui portent des pommes et des noix, mais de ceux dont on se sert pour bâtir, et pour faire des meubles. Les arbres nommés *chênes* et *ormes* à Saint-Domingue sont d'une autre espèce que ceux d'Europe. On se sert des uns et des autres pour faire des planches, du bois de carrelage et de rouage. Comme ces arbres ne sont pas fort communs, ils sont chers, et les ouvriers qui les travaillent encore plus impertinens qu'aux îles du vent, où ils ne le sont déjà que trop. Deux choses les mettent sur ce pied-là; la première est leur petit nombre, la seconde le gain excessif qu'ils font et qui les délivre bientôt du besoin de travailler; alors ils se font habitans, et ont une telle honte de leur premier métier, qu'ils ne veulent plus le pratiquer, même pour leurs propres besoins.

Je ne pouvais m'empêcher de rire quand je voyais le marguillier de la paroisse de l'Esterre dans son carosse, et qui semblait ne pouvoir plus se servir de ses pieds, depuis qu'il avait épousé une veuve, lui qui trois ans auparavant était tonnelier dans un vaisseau marchand de Nantes. Je me trouvai un jour avec lui chez un marchand où il achetait des outils de son ancien métier, pour un engagé qui lui était venu de France : il les faisait choisir par un autre, comme s'il eût oublié d'en connaître la forme et la qualité, depuis le peu de temps qu'il n'exerçait plus son métier.

De tous ceux qui s'enrichissent par leur travail, il n'en est point qui le fassent plus sûrement et plus vite que les *chirurgiens;* c'est pour eux un vrai Pérou. Quoique la plupart soient ignorans au suprême degré, ils gagnent tout ce qui leur plaît, et comme il leur plaît de gagner beaucoup, on peut croire qu'ils sont bientôt très-riches.

Un de ces Esculapes sauvages qui demeurait chez le sieur Lemaire, dont j'ai déjà parlé, s'avisa un jour de purger par précaution la femme de son maître, et le fit avec tant de succès, qu'en moins de quatre heures, il la mit à l'abri de toute maladie.

J'étais alors à Léogane. Un accident si funeste troubla toute la famille; on ne douta point qu'il ne l'eût empoisonnée; on l'arrêta aussitôt, et il aurait mal passé son temps, s'il n'eût demandé à se justifier en prenant le même remède dont la moitié était encore dans une boîte sur la table. On le lui permit; il le prit, et douze heures après il alla tenir compagnie à sa malade. Sa dernière action a été peut-être la meilleure de sa vie. C'est un bonheur que le mal de Siam et les autres maladies n'aient pas plus de respect pour les médecins que pour les autres; car si cette espèce d'hommes en était exempte, elle dépeuplerait le pays, et profiterait des dépouilles de tous les habitans.

Le 3 février j'accompagnai notre supérieur dans sa visite au *Cul-de-sac*, à trois lieues de l'Esterre. Nous fûmes fort contens de l'église et de ses dépendances, et encore plus du curé dont tout le monde se louait. Au retour, je terminai l'affaire de ma commission. Je me convainquis que les fautes qu'on reprochait au supérieur de la Mission de Saint-Domingue, venaient de son peu d'expérience et d'aptitude pour les affaires, de sorte que je fis agréer au supérieur général qu'il se démît entre ses mains de son emploi; et aussitôt que cela fut fait, je songeai à la retraite; celui-ci voulut me retenir, mais je lui témoignai tant de répugnance de rester à Saint-Domingue, qu'à la fin il consentit à mon retour à la Guadeloupe; mon départ m'empêcha de voir les quartiers du *grand* et du *petit Goave*.

La barque dont je me servis pour remonter aux îles du vent se nommait l'*Aventurière*, excellente voilière construite à la *Bermude*. Elle était conduite par un de nos flibustiers nommé *Samson*, habile homme autant qu'on le pouvait souhaiter. Le sieur *des Portes Arson*, Malouin, qui était venu à la Martinique depuis quelque temps pour établir un commerce avec les Espagnols, était dans cette barque. Nous étions chargés d'indigo, de quelque argent en saumons et en piastres, d'une partie d'or en poudre, et de plusieurs caisses de toile de Bretagne; de bas de soie et de fil, de chapeaux et de merceries, restes d'une cargaison qu'on avait mise dans la barque pour trafiquer en passant avec les Espagnols.

Nous partîmes de l'Esterre le 18 février, sur les cinq heures du soir. Notre barque avait deux pièces de canon, mais nous n'avions qu'un seul boulet, dont on ne pouvait se défaire parce qu'il servait à broyer la moutarde qui accompagnait un cochon boucané. Du reste, nous avions des fusils, de la poudre et du plomb au service de nos amis. Nous étions dix-sept hommes, non compris un mousse, et mon nègre qui avait quinze à seize ans. Nous eûmes dès le lendemain des vents contraires, de sorte que nous ne pûmes gagner les *Caïmires* que le 25 sur le soir. Ce sont de petites îles basses et désertes que nous passâmes pendant la nuit. La mer était fort grosse, et le devint à un tel point que les lames se donnaient la liberté de s'exercer à qui sauterait le mieux, et à qui passerait de l'avant à l'arrière de notre barque. Une d'elles fut assez mal adroite pour emporter chemin faisant notre cuisine, accident funeste pour des gens qui avaient grand appétit. Cette disgrâce et la continuation du mauvais temps, nous obligèrent de mouiller sous le cap de *Dona Maria*. Nous y fûmes encore invités par un petit pavillon que des chasseurs qui se trouvaient en ce quartier-là mirent au bout d'une perche pour nous appeler. C'étaient des boucaniers; nous descendîmes et leur achetâmes dix-huit cents livres de cochon en aiguillettes et en pièces, et une quantité considérable de fruits. Le lendemain sur le soir, nous rasâmes de près le *Cap Riberon*, et le 8 nous reconnûmes l'*île à Vache*, fameuse autrefois, et fort fréquentée par les flibustiers de toutes les nations; elle est à présent déserte. Nous mouillâmes à la *Caye Saint-Louis*, qui n'est autre chose qu'un amas de roches à chaux. J'y trouvai des ingénieurs qui voulaient y construire un fort. Jamais je n'avais vu un si grand nombre de commis et d'officiers pour un si petit lieu, et un si petit commerce Je doute qu'il y en ait autant à Batavia. Un Malouin, nommé M. *de Bricourt*, y était directeur de la compagnie; M. *de Bouloc*, gentilhomme de Toulouse, en était le gouverneur. Ils me reçurent fort bien et je passai plusieurs jours avec eux.

Nous remîmes à la voile, comptant de faire nos pâqnes à la ville Saint-Domingue où nous devions aller pour nous défaire du reste de la cargaison de notre barque, dont la majeure partie avait été vendue à la Caye Saint-Louis. Le lundi 21 mars, avant midi, nous vîmes le *Cap Mongon*, et l'ayant doublé, nous nous trouvâmes le lendemain deux heures avant le jour, par le travers de la *Beata*, réfuge des forbans. La brume leur empêcha sans doute de nous découvrir.

Le vendredi saint, dès que le jour parut, nous vîmes une barque qui nous suivait. Nous ne doutâmes point que ce ne fût un forban; mais comme nous avions près de trois lieues d'avance, nous nous en mîmes peu en peine. Elle nous donna chasse jusqu'à midi. La bonté de notre barque nous fit échapper à ce danger, quoique ce fût pour nous faire tomber dans un plus grand; car les sieurs Desportes, et Samson, maître de la barque, voulurent toucher à un bourg situé au fond de la *baie d'Ocoa*, nommé *Das*, sous prétexte de faire de l'eau, mais effectivement pour traiter quelques merceries et autres bagatelles. Je fis, mais inutilement, tout ce que je pus pour les en dissuader; il semblait que nous étions destinés à être pris ce jour-là. Nous portâmes donc dans cette baie, mais le vent nous manqua tout d'un coup, et on revira. J'étais couché dans une cabane à l'arrière de la barque, sur le gaillard. Je me réveillai quand on vira, et je demandai la raison de cette manœuvre. Mon nègre me dit tout épouvanté que nous allions être pris par les forbans. Je me levai et j'aperçus deux gros bâtimens avec une barque. Nous mîmes le canot dehors pour voir si nous étions assez proches de terre pour nous pouvoir sauver, car lorsqu'il est nuit, il semble que la terre est tout près, quoiqu'elle en soit fort éloignée. Mais notre canot n'était pas à cent pas de la barque que nous aperçûmes deux chaloupes qui venaient à nous. Elles nous hélèrent, c'est-à-dire appellèrent, et nous demandèrent en espagnol d'où était la barque. M. Desportes répondit qu'elle était de la Martinique, à quoi on répliqua: *avisa la vela, cornuto;* cela veut dire, *amène la voile, cornard,* et dans l'instant il sauta à bord quarante à cinquante hommes armés, criant: *mata, mata;* tue, tue.

Je mettais ma robe quand ces impertinens sautèrent à bord; ils se jetèrent avec empressement dans la chambre, et persuadés qu'on s'y mettait en défense, l'un d'eux m'appuyant son pistolet sur la poitrine, le lâcha. Le bonheur voulut qu'il n'y eût que l'amorce qui prit. Ces canailles parurent consternés quand ils virent qu'ils avaient voulu tuer un religieux de Saint-Dominique; ils me demandèrent pardon, me baisèrent les mains et m'aidèrent à monter sur le gaillard; je trouvai ma malle ouverte et entièrement vide; on n'y avait laissé qu'une croix d'argent de l'inquisition d'Avignon qui était attachée au dedans du couvercle. Il me vint aussitôt la pensée de m'en servir. Je la pris, et l'ayant passée à mon cou par-dessus ma robe, je fis demander en espagnol à celui qui commandait ces gens, lequel avait plutôt la mine d'un gueux que d'un officier ; s'il connaissait cette marque, et si on traitait ainsi un commissaire du saint-office ; je ne l'étais pourtant pas. J'avais eu cette croix de la dépouille d'un de nos religieux ; elle ne laissa pas de faire un bon effet ; on eut plus de respect pour moi, et je m'en servis pour empêcher que le pillage n'allât plus loin et qu'il n'arrivât quelque chose de fâcheux à notre canot où était le patron Samson, sur lequel ces braves voulurent tirer quand il approcha de la barque. Je ne sais de quel pays était leur poudre, elle ne voulut avoir aucun démêlé avec nous, et ne prit jamais feu.

Quand le tumulte fut un peu apaisé, je m'embarquai dans une des chaloupes avec M. Desportes et un officier espagnol, pour aller à bord d'un des gros navires. Nous sûmes que l'un de ces vaisseaux était l'*Armadille de Ballorento*, venant de Carthagène et s'en retournant à la *Vera-Crux*. La barque appartenait au gouverneur de Porto-Ricco, qui s'en allait à la Havane pour passer de là en Espagne. L'officier qui était avec nous dans la chaloupe, nous dit que nous allions être tous frères, parce que M. le duc d'Anjou était devenu roi d'Espagne sous le nom de Philippe V, ce que nous ignorions. Lorsque nous fûmes arrivés au vaisseau, on nous fit monter. Je trouvai à l'échelle du gaillard le commandant : c'était un vieux marquis dont j'ai oublié le nom, et si goutteux qu'il ne pouvait se servir de ses mains. Il se fit ôter son chapeau pour nous saluer. Je lui fis mon compliment en latin, et son aumônier qui était à côté de lui lui en expliqua ce qu'il en comprit, c'est-à-dire peu de chose. M. Desportes parla ensuite, et comme il s'exprima en espagnol, on l'entendit mieux. Il s'était revêtu, avant de sortir de la barque, d'un habit rouge, avec des boutons d'or, d'une veste assortissante et d'un chapeau à plumet. Nous étions convenus avec M. Samson que nous le ferions passer pour le major de la Martinique, et nous l'avions chargé d'en avertir l'équipage. Il soutint fort bien ce caractère.

Le commandant nous témoigna qu'il était bien fâché du désordre qui était arrivé dans notre barque en nous arrêtant. Il envoya un autre officier à bord pour la garder et conserver ce qui y était, et donna ordre qu'on chassât tous les Espagnols qu'on y trouverait.

Après nous avoir retenu plusieurs jours à son bord, le commandant nous renvoya comblés de politesse; il nous fit rendre tout ce qu'on nous avait pris, et qui avait pu être retrouvé. Il nous dit que l'avènement de Philippe V à la couronne nous était favorable; mais il nous avertit de ne point toucher à Saint-Domingue, et de faire route au large afin d'éviter les navires de la douane qui ne manqueraient pas de confisquer notre bâtiment. Nous le remerciâmes beaucoup, comme il le méritait, et dès que nous eûmes rejoint la barque, nous remîmes à la voile. Pendant notre séjour sur le vaisseau commandant, M. Desportes avait vendu aux officiers et autres marins le restant de ses marchandises, de quoi il était fort content.

Nous quittâmes ces messieurs le samedi 2 avril, sur les sept heures du soir, et nous portâmes au large. Cette malheureuse aventure m'empêcha de voir la ville de Saint-Domingue. Le 3, un peu avant le jour, nous fûmes pris d'un coup de vent de N. E. le plus rude que j'aie jamais essuyé. Nous fûmes contraints d'amener tout plat, et cependant nous faisions un tres-grand chemin; il continua ainsi jusqu'au lendemain au soir; il tomba alors tout d'un coup, laissant la mer si agitée, avec des lames si épouvantables, que pas un de nos gens ne pouvait se tenir debout sur le pont. La pluie vint sur le minuit qui apaisa la mer, et au jour nous découvrîmes le *Cap Mongon;* et en continuant notre route nous aperçûmes le 18 *la caravelle de Saint-Thomas*, qui est à trois lieues de cette île.

Cette petite île est la dernière du côté de l'O. de toutes celles qu'on appelle *les Vierges*. Quoique n'ayant qu'environ six lieues de tour, elle a deux maîtres; le roi de Danemarck et l'électeur de Brandebourg, aujourd'hui le roi de Prusse. Il est vrai que ce sont les Hollandais qui y font le commerce sous le nom des Danois.

Nous fîmes route jusqu'à un quart de lieue près

de la *Negade*, afin de gagner plus facilement *Saba*, où nous devions toucher pour livrer des cuirs et autres marchandises que nous avions chargées à Saint-Thomas. Cette île, d'environ quatre lieues de long, a été nommée la *Noyée*, parce qu'elle est extrêmement plate et basse, excepté vers son milieu. On prétend qu'un gallion espagnol s'y est perdu autrefois, et que l'or et l'argent dont il était chargé furent cachés en terre, où l'on dit qu'ils sont encore aujourd'hui. La recherche de ce terrain a fait perdre bien du temps à des habitans de nos îles et à nos flibustiers. J'en ai connu qui y ont passé quatre ou cinq mois à sonder la terre et à fouiller. Sur le soir, nous vîmes l'île *Sombrera* ou chapeau, qui est inhabitée. Le vent s'étant jeté au nord, nous cotoyâmes à quelque distance les îles appelées *l'Anguille* et *Saint-Barthelemi*. La première est aux Anglais; ils y ont une petite colonie, qui a souvent été pillée par nos corsaires, et qui, à la fin, n'a trouvé sa sûreté que dans la pauvreté où les fréquentes visites de nos gens l'ont réduite. Saint-Barthélemi est aux Français; les restes de la colonie qu'on en avait ôté pour fortifier celle de Saint-Christophe pendant la guerre de 1688, commençaient à s'y rétablir.

L'île de *Saint-Martin*, qui est au S. O. de celle de Saint-Barthélemi, est partagée entre les Français et les Hollandais.

Le 27 avril, nous mouillâmes à *Saba*. Cette île est encore plus petite que Saint-Thomas, et ne paraît qu'un rocher de quatre ou cinq lieues de tour. Un chemin en zig-zag, taillé dans le rocher, conduit sur le sommet de l'île, où le terrain est uni, bon et fertile. C'est une forteresse naturelle tout-à-fait imprenable, pourvu qu'on ait des vivres. Elle est partagée en deux quartiers qui renferment quarante ou cinquante familles; les maisons sont gaies, commodes, bien blanchies et bien meublées. Les souliers sont le grand trafic de l'île; je n'ai jamais vu de pays si cordonnier. Le gouverneur s'en mêle comme les autres, et je crois que le prêtre ou ministre se divertit à ce noble exercice à ses heures perdues. C'est dommage qu'elle ne soit pas à des cordonniers catholiques, ils la nommeraient sans doute l'île de Saint-Crépin, plutôt que *Saba*, qui, à ce qu'on en a écrit, n'était pas un royaume de cordonniers; quoi qu'il en soit, nous fûmes fort bien reçus. Avec leur trafic de souliers et un peu d'indigo et de coton, les habitans ne laissent pas que d'être riches; ils ont des esclaves, de l'argent et de bons meubles.

Nous partîmes le lendemain, et passâmes à *Saint-Eustache*, île hollandaise, plus grande que Saba; nous rangeâmes la côte, et le 28 nous mouillâmes à la *Basse-Terre Française* de Saint-Christophe. Notre barque n'avait point d'autre affaire dans cette île que de me mettre à terre, parce qu'elle ne voulait pas toucher à la Guadeloupe, ni moi aller à la Martinique. Je remerciai M. Desportes et je débarquai : je fus reçu par les PP. Jésuites. Après la messe je me rendis chez M. *de Gennes*, commandant de la partie française. On savait l'avénement de Philippe V à la couronne d'Espagne, et on ne doutait point que la guerre ne dût bientôt recommencer. Les Anglais ne s'en cachaient point, ils disaient hautement que leur roi ne souffrirait jamais l'union des deux monarchies, et qu'ils reprendraient infailliblement la partie française de Saint-Christophe. Ce fut là que j'eus le plaisir de dîner avec M. de Codrington, gouverneur-général de toutes les îles anglaises sous le vent. Nous causâmes des affaires du temps. Lui, et tous ceux qui étaient à table eurent l'honnêteté de parler toujours français. Je remarquai dans leurs discours, combien ils sont vains, et le peu de cas qu'ils font des autres nations, et surtout des Irlandais; car quelqu'un ayant dit que la colonie française était fort faible, M. de Codrington répondit sur-le-champ qu'il ne tenait qu'à M. de Gennes de l'augmenter, du moins avec des Irlandais, s'il ne pouvait le faire avec des Français. Je le priai de me dire ce secret, et de me permettre d'en faire part à M. de Gennes. *Très-volontiers*, me dit-il, *savez-vous que M. de Gennes a fait un paon, qui marche, qui mange, qui digère ?* — Je lui répondis que je le savais. — *Hé bien*, continua-t-il, *que ne fait-il cinq à six régimens d'Irlandais; il aura bien moins de peine à faire ces sortes de lourdes bêtes qu'un paon. Comme il a de l'esprit infiniment, il trouvera bien le moyen de leur imprimer les mouvemens nécessaires pour tirer, et pour se battre, et de cette manière il grossira sa colonie tant qu'il voudra.*

Pour entendre ceci, il faut savoir que M. de Gennes avait fait un automate qui avait la figure d'un paon, qui marchait par le moyen de ressorts cachés dans le corps, qui prenait du blé qu'on lui jettait à terre devant lui, et qui, par le moyen d'un dissolvant, le digérait, et le rendait à peu près comme des excrémens.

Je m'embarquai le 4 mai, sur un bâtiment nantais, pour la Guadeloupe, où j'arrivai le 8, et je me rendis aussitôt au Baillif. Les approches de la guerre m'avaient décidé à me charger à Saint-Christophe, de six petits nègres appartenant à mes amis, et que je faisais passer comme miens. En arrivant, j'eus à leur sujet un grand procès avec le commis du domaine qui ayant eu avis que j'avais six nègres étrangers à bord, était venu les saisir. Ce commis s'appelait *Le Borgne*. Voici l'expédient dont je me servis pour débarquer mes nègres. En arrivant au bâtiment, je priai le capitaine de faire charger dans la chaloupe les plus gros coffres et de me les faire porter au Baillif : on chargea aussitôt; je fis mettre pardessus une toile goudronnée, qu'on appelle un prélat, comme pour cacher ce qui était dedans; j'y fis embarquer mon nègre après l'avoir bien instruit de ce qu'il aurait à répondre, quand le commis les aurait joints, comme je ne doutais pas qu'il ne fît quand il verrait la chaloupe ainsi couverte. Effectivement, le commis qui était au bord de la mer, pensa se désespérer lorsqu'il vit partir cette chaloupe où il croyait que les nègres étaient cachés. Les soldats étant enfin arrivés, il prit un canot et se mit à courir après à force de rames; il fallut faire de grands efforts pour joindre la chaloupe. Quand je vis que le canot avait doublé une pointe qui lui cachait la vue du vaisseau, je fis descendre ces enfans dans mon canot, je les fis mener à terre et je les présentai au gouverneur, en justifiant par des pièces leur origine. Ces enfans étaient tous créoles, parlaient bien français, et il n'y avait pas le moindre lieu de soupçonner qu'ils fussent étrangers et de contrebande; de sorte que le gouverneur, malgré son sérieux, ne put s'empêcher de rire du tour que j'avais joué à ce commis. Le canot atteignit enfin la chaloupe, et le sieur Le Borgne fut bien étonné de n'y trouver que des coffres et mon nègre qu'il connaissait bien. Il en fut pour les frais du canot et des soldats.

Après avoir terminé plusieurs affaires de nos religieux, je partis de la Guadeloupe le 25 août, et j'arrivai le lendemain au Mouillage de la Martinique, où je m'occupai des travaux de nos maisons. Je fis abattre beaucoup d'arbres appelés *pain d'épice,* pour faire des madriers; mais quand il fallut travailler ce bois, les haches se rompaient sans pouvoir presque l'entamer. J'étais prêt de le faire abandonner, lorsqu'il se présenta un *machoquet,* ou taillandier, demeurant au bourg du Baillif, nommé *Loriau*, qui m'offrait de me faire des haches d'une si bonne trempe qu'elles couperaient toutes sortes de bois. Il en voulait trois écus de la pièce, et les donnait à l'épreuve pendant quinze jours. Il en fit en effet de très-bonnes, mais quelque promesses que je lui fisse, il ne voulut point m'apprendre son secret. Avec ces haches je fis des planches de pain d'épice d'une grande beauté.

Le gouverneur de la Guadeloupe ayant eu avis que les Anglais ne tarderaient pas à attaquer son île, me demanda pour commencer les travaux que nous avions projetés dans la tournée que je fis avec lui en 1696. Je m'y rendis.

Quoique les travaux publics se fassent par corvées, MM. *Houel* et *de Boisseret,* dont les ancêtres avaient été seigneurs et propriétaires de l'île, ne voulurent point contribuer à la défense commune à laquelle ils étaient plus intéressés qu'une infinité d'autres par les grands biens qu'ils possédaient dans le pays.

J'avais remarqué plusieurs abus dans ces corvées : 1° les officiers des quartiers s'exemptaient d'y envoyer leurs nègres, favorisaient leurs parens et amis, et rejettaient toute la charge sur les pauvres qui étaient les plus obéissans. 2° Les maîtres ne donnaient point de vivres à leurs esclaves en les y envoyant, ce qui leur était un prétexte pour les quitter, afin d'en aller chercher, et pour ne revenir que fort tard, et souvent point du tout. 3° Les travaux se trouvaient souvent mal faits, parce que je ne pouvais être partout, et quand j'étais obligé de faire abattre ce qui n'était pas bien fait, c'était des murmures et des plaintes qui ne finissaient pas. Je fis faire ces remarques au gouverneur, mais il me dit qu'il était plus facile de voir ces choses que d'y remédier. On distribua les travaux d'une manière égale et juste. Ceux qui étaient accoutumés à s'en exempter, crièrent bien fort contre moi, qui étais l'auteur du nouveau réglement. Ce fut ainsi que je fis construire tous les retranchemens de la Basse-Terre, des Trois-Rivières et du Réduit, qui allaient à bien plus de six mille toises, les murs intérieurs et extérieurs du fort, pour soutenir la terre, et le mauvais fascinage dont ils étaient composés. Je fis faire une demi-lune pour couvrir la porte, avec un pont-levis; une grande citerne découverte, servant de fossé à un retranchement flanqué, qui coupait la longueur du fort en deux, pour couvrir le donjon, et s'y pouvoir retirer, et tenir ferme, si les ennemis se fussent emparés du cavalier. Je fis faire aussi plusieurs batteries neuves, et réparer les anciennes, pour nous préparer à tout événement. Ces travaux m'occupèrent toute l'année 1702, et jusqu'au mois de mars 1703.

A cette époque, nous prîmes possession de la succession de M. *Hincelin*, qui avait légué tous ses biens aux quatre communautés religieuses. Pour donner des marques publiques de notre reconnaissance, on résolut de faire célébrer un service solennel dans chacune de nos églises, pour le repos de l'âme de notre commun bienfaiteur. Nous commençâmes, les PP. Jésuites nous suivirent, et nous surpassèrent; peu s'en fallut qu'il n'y eût une oraison funèbre. Les Carmes et les Capucins voulurent les imiter, mais ils n'en approchèrent pas de cent lieues.

Les religieux de la Charité choisirent le lendemain de l'octave de Pâques, pour faire ce service. Toutes les communautés y étaient invitées, et toutes les puissances du pays; je m'approchai du lutrin pour aider à chanter la messe. Ils avaient fait venir le chantre principal de l'église des Jésuites. C'était un boiteux nommé *Lacour*, qui chantait très-bien, et qui avait une voix parfaite, mais si ignorant, si superbe et si arrogant, qu'en matières de rubriques, de chant, et cérémonies d'église, il croyait en savoir plus qu'un directeur de séminaire.

La guerre ayant enfin été déclarée en Europe, nous en fûmes avertis plutôt par la prise de nos bâtimens, que par les avis qu'on aurait dû nous en donner de France. Cela nous obligea à travailler avec plus d'application à nous mettre en état de défense à la Guadeloupe. On passa des revues, on fit un état des nègres qu'on pourrait armer, et on établit des corps-de-garde et des patrouilles de cavalerie dans tous les endroits habités de l'île.

Comme les Anglais avaient eu plutôt que nous la nouvelle de la déclaration de la guerre, leurs corsaires s'étaient mis en mer long temps avant les nôtres; ils avaient fait sur nous des prises considérables. Un de leurs capitaines qui avait été pris pendant la guerre précédente, par un de nos corsaires nommé *Bréart*, se trouvant à la tête de cent cinquante hommes dans une belle barque de dix canons, fit dire à Bréart que s'il voulait lui donner sa revanche de la dernière guerre, il l'attendait sous la Dominique. Bréart accepta le défi; il hâta l'armement d'une barque nommé la *Trompeuse*, qui aurait pu porter dix canons, mais qui n'en avait que six, parce que nos flibustiers français s'en mettent peu en peine. Il partit de la Martinique avec environ cent vingt hommes, et trouva l'Anglais sous la Dominique, au rendez-vous qu'il lui avait donné.

L'Anglais, qui le vit venir, leva l'ancre, éventa ses voiles, et commença à faire ses bordées, afin de gagner le vent. Bréart s'avança toujours sans se soucier de lui laisser prendre cet avantage, et comme sa barque était une excellente voilière, il le joignit en peu de temps, et lui passant sous le vent, qui était assez frais, il lui envoya une furieuse décharge de tous ses canons, passés d'un bord, chargés de mitraille et de balles de mousquet, et accompagnée de sa mousqueterie, qui fut si meurtrière, que l'Anglais eut près de soixante hommes hors de combat, sans qu'aucun des nôtres eût une égratignure. L'Anglais eut obligation de ce désastre au vent, dont il avait voulu avoir l'avantage, parce que dans cette situation ses gens étaient découverts de la tête jusqu'aux pieds. Bréart retint le vent, après cette bordée ; il rechargea et fit un feu si vif sur les Anglais, qu'il les obligea à la fin de se gabionner sur le gaillard, et d'amener leur pavillon au moment où Bréart leur allait sauter à bord.

Nous n'eûmes que deux hommes tués, et neuf blessés dans cette affaire qui ne dura pas une heure, au lieu que les Anglais en eurent près de cent tués ou blessés. Bréart conduisit sa prise à la Martinique, où l'on trouva qu'elle était plus considérable qu'on ne l'avait cru, en argent, argenterie et autres objets précieux. Cette espèce de duel fit grand bruit dans les îles ; il rabattit beaucoup la fierté des Anglais, fit bien de l'honneur à Bréart, et lui procura une chaîne et une médaille d'or que la cour lui envoya.

Le 19 juillet nous apprîmes, par une de nos barques armée en course, que la partie française de l'île Saint-Christophe avait été prise dans la nuit du 15 au 16 du même mois. Nous nous y attendions, parce que le comte de Gennes qui y commandait, avait peu d'habitans capables de porter les armes, et une garnison de cent soixante hommes, gens ramassés, peu aguerris, et très-mal intentionnés.

Un des lieutenans de roi de cette île, nommé *Château-Vieux*, gentilhomme provençal, sur l'expérience duquel on comptait, prit une résolution qui fit juger un peu sinistrement de sa bravoure ou de sa bonne volonté; ce fut d'importuner le comte de Gennes, de lui permettre d'aller à la Martinique demander du secours au commandeur de Guitaut, lieutenant au gouvernement général des îles, depuis la mort du comte Desnots, gouverneur général. Le comte de Gennes s'y refusa d'abord, mais à la fin il céda à ses instances. Ce lieutenant de roi passa à la Guadeloupe, et je fus témoin de l'étonnement où tout le monde était du peu de diligence qu'il faisait, jusques là même, que le maître de la barque qui le devait passer à la Martinique, vint prier deux ou trois fois le gouverneur de faire embarquer cet officier, ou de lui permettre de partir sans lui; de sorte que nous sûmes plutôt la prise de Saint-Christophe que l'entrée du sieur de Château-Vieux à la Martinique.

Le 6 mars 1703, nous reçûmes avis de la Grande-Terre de la Guadeloupe, qu'on avait vu aborder à Marie-Galante un nombre considérable de bâtimens. Le gouverneur dépêcha deux pirogues, commandées par un lieutenant de milice nommé *Raby*, pour prendre langue et reconnaître ces bâtimens. Une de ces pirogues revint le 10; elle rapporta que c'était la flotte anglaise. A cette nouvelle on fit prendre les armes à tous les habitans. Il n'y eut que ceux de la Grande-Terre qui firent difficulté d'obéir, sous prétexte qu'ils pouvaient être attaqués eux-mêmes, les Anglais étant si proche d'eux : c'était une fort mauvaise excuse. Cependant, ayant fait réflxion au danger et à l'infamie où ils s'exposaient par leur désobéissance, et pour effacer la faute qu'ils avaient commencé de commettre, ils vinrent et se comportèrent en gens de cœur pendant cette guerre.

Le fort était pourvu de munitions de guerre et de bouche, autant qu'en pouvaient consommer trois cents hommes pendant six mois. Je fis charger six bombes, de celles que les Anglais nous avaient laissées la guerre passée, et les fis mettre deux à deux dans des futailles, avec des grenades et des ferrailles, pour faire sauter ceux qui viendraient à l'assaut. Je fis aussi charger deux à trois cents grenades, et je fis préparer quelques artifices : je me servis pour cela d'un orfèvre nommé *Guillet*, qui savait quelque chose de la composition des feux d'artifice.

Il venait de nous arriver de la Martinique un jeune ingénieur nommé *Binois*, que j'avais vu à Saint-Christophe auprès du comte de Gennes. Je fus fâché qu'on l'eût appelé lorsque tout était fait, et comme pour recueillir le fruit d'un travail extraordinaire de plus d'une année, dont j'avais supporté seul la fatigue. Je voulus me retirer; mais le gouverneur me retint par de bonnes raisons, et je me laissai toucher par ses prières et les marques de son amitié.

Toutes nos troupes étant arrivées au bourg de la Basse-Terre, M. le gouverneur en fit la revue : elles se montaient à quatorze cent dix-huit hommes, dont cent dix-huit de la marine et le reste des milices. M. *de Maisoncelle*, créole de la Guadeloupe, commandait l'une des compagnies de la marine; le capitaine de l'autre était le sieur *Tanneguy du Châtel*, seizième ou dix-septième du nom. Il était Breton; il disait à tous ceux qui le voulaient écouter, et le leur aurait répété cent fois le jour de peur qu'ils ne l'oubliassent, qu'il descendait en ligne directe et de mâle en mâle du fameux *Tanneguy du Châtel*, qui tua un peu traîtreusement le duc de Bourgogne sur le pont de Montereau; mais comme tous les historiens et généalogistes assurent que ce Tanneguy du Châtel ne fut jamais marié, et qu'il n'avait que deux frères, tous deux dans l'ordre épiscopal, M. Tanneguy du Châtel, dix-septième du nom, était réduit à de grandes extrémités quand on le poussait sur ce point, ce qui obligeait ses amis de lui conseiller de prendre quelque branche collatérale moins sujette à caution et à la médisance. Quoi qu'il en soit, il aurait été long-temps le doyen de tous les gardes de la marine du royaume, si madame la maréchale de Villeroi ne lui avait procuré l'expectative d'une lieutenance dans les compagnies détachées aux îles. Le sieur du Châtel était assez bien fait. Il disait qu'il avait toute la valeur de ses ancêtres; c'est ce que je n'ai garde de lui contester. Il était prompt, violent et emporté; il méprisait tout le monde, et tout le monde lui rendait la pareille.

Notre aide-major était un gentilhomme européen ou créole; je ne sais pas trop bien où il était né; il s'appelait *Leroi de la Poterie;* son père avait eu autrefois du bien, mais il l'avait perdu en jouant avec des gens qui en savaient plus que lui. Il était venu aux îles pour rétablir ses affaires, et il y aurait réussi, puisqu'il avait trouvé le moyen de faire une sucrerie à côté du Gros-Morne, si le jeu, la dépense et les Anglais, n'avaient tellement achevé de le ruiner, qu'il subsistait avec beaucoup de peine, long-temps avant de mourir. Son fils, le cadet, qui était mort depuis deux ans, avait exercé la charge de major à la Guadeloupe, et aurait été un fort bon officier. L'aîné, qui est celui dont je vais parler, était resté long-temps au Canada, où il s'était marié; il quitta sa femme et l'emploi de contrôleur des fortifications quand il sut la mort de son père et de son frère, espérant que l'honneur qu'il avait d'appartenir à un de nos ministres, du côté des femmes, lui procurerait tout au moins la charge de son frère; cependant il fut trompé: la parenté et ses sollicitations ne lui firent avoir qu'un brevet d'aide-major, ce qui est très-peu de chose, pour ne pas dire moins que rien. Il était âgé de trente-cinq ans; sa physionomie était celle d'un homme simple et sans malice, et elle n'était point trompeuse. M. de la Poterie était meilleur chrétien que bon soldat, et quoiqu'il eût demeuré long-temps au Canada, où l'on dit que la valeur est à très-bon marché, il n'en avait fait aucune provision.

Le vendredi 23 mars, les Anglais débarquèrent au bourg des Habitans quinze à seize cents hommes, et le 3 avril il nous arriva de la Martinique un renfort de huit cents hommes, conduits par M. *de Gabaret*, lieutenant-général des îles, et gouverneur de la Martinique. C'était un homme de plus de soixante ans, fort caduc, et nullement propre à une pareille commission. Son arrivée donna de l'ombrage à notre gouverneur, et j'en tirai de fâcheuses conséquences pour la suite. Nous eûmes avec les Anglais diverses affaires, presque toutes à notre avantage.

M. *Lefèvre*, capitaine des Enfans-Perdus, et brave officier, ayant été tué, sa compagnie fut donnée au sieur *Jolly*, son lieutenant; c'était un jeune homme nouvellement venu de France, qui se faisait tout blanc de son épée. Nos créoles, moins bien partagés que lui du côté de la langue, mais qui prétendaient l'être mieux du côté de la valeur, ne voulurent plus servir sous lui, et rentrèrent presque tous dans les compagnies de leurs quartiers; de sorte que le capitaine Jolly eut bien de la peine à ramasser trente-cinq ou quarante hommes, pour former sa compagnie, et pour surcroît de malheur, les nègres ne voulurent pas lui obéir, et on ne jugea pas à propos de les y contraindre.

On sait comment M. de Gabaret fit lâchement abandonner le fort, qui était encore intact; les Anglais y entrèrent après avoir éprouvé des pertes au bord de la mer. On fit également abandonner plusieurs postes, entre autres un retranchement important qui se trouvait à la tête de la savane de *Milet*, près de la rivière des Gallions. Ce qu'il y eut de surprenant fut qu'en abandonnant ces postes on mit le feu à tous les bâtimens des religieux de la Charité, et de la demoiselle Chérot, comme s'ils eussent dû causer la perte de l'île, après avoir laissé aux ennemis quatre ou cinq cents maisons toutes entières, dans les bourgs et habitations qu'on avait abandonnés. Le sieur de *Bois-Fermé*, gouverneur de Marie-Galante, qui était venu avec le lieutenant-général, se signala dans cette expédition : il portait le feu partout, et faisait autant de ravage, avec la seule main qui lui restait, que s'il en eût eu une douzaine. On ne vit jamais un si grand acharnement, et une précipitation si déraisonnable. Le feu ne seconda que trop vivement la mauvaise manœuvre des braves qui accompagnaient cet officier. Tous les bâtimens, sans rien excepter, furent réduits en cendre, et avec eux les remèdes et les ustensiles de l'hôpital, les menues armes qu'on avait sauvées du fort, plusieurs paniers remplis de grenades, beaucoup de poudre et de plomb, de mêches et autres munitions de guerre, une quantité très-considérable de farine et de viande salée, avec une infinité de marchandises qu'on y avait sauvées comme dans des lieux de sûreté, et qui ne devaient jamais être abandonnées; du moins aurait-on dû les transporter au *Réduit*, où on les aurait trouvées dans l'extrême besoin qui se fit sentir dans la suite, puisque l'ennemi avait si peu d'envie de s'approcher de nous, qu'il ne vint en cet endroit-là que quatre jours après que nous l'eûmes abandonné.

Enfin les Anglais quittèrent la Guadeloupe après avoir demeuré cinquante-six jours à terre. Nous n'eûmes pendant tout ce temps que vingt-sept hommes tués, et environ cinquante blessés; mais leur perte, d'après ce que nous sûmes par un déserteur qui l'avait entendu dire au major-général, était de mille neuf cent soixante-quatre hommes, dont plus de mille tués, parmi lesquels trois colonels, deux capitaines de vaisseau, un major, et vingt-sept capitaines et lieutenans ou autres officiers; le reste avait déserté, était mort de maladie ou fait prisonnier; à quoi ce sergent déserteur, Irlandais et bon catholique, ajoutait que les vaisseaux et les barques étaient remplis de malades et de blessés.

On peut dire que de part et d'autre il y a eu de très-grandes fautes. L'inexpérience de notre lieutenant-général, et la mésintelligence qui régnait entre lui et notre gouverneur, ont mis plusieurs fois la colonie à deux doigts de sa ruine; celle qui était entre le général Codrington, le commandant de la flotte et les colonels, ne leur a pas permis de profiter de notre désordre, de sorte que si nous nous devons à nous-mêmes une bonne partie de nos maux, nous devons aussi la meilleure partie de notre salut aux Anglais, qui étaient agités des mêmes passions que nous.

Je ne veux pas oublier une anecdote qui prouve combien les domestiques abusent du nom et du rang de leurs maîtres. Après la retraite du lieutenant-général, au-delà des Trois-Rivières, M. Auger m'avait prié dès le matin d'aller au Réduit rassurer le peuple, et dire de sa part à tout le monde, que, quelque chose qu'il arrivât au quartier des Trois-Rivières, il avait pourvu à leur sûreté, et qu'ils demeurassent en repos. Pendant que je m'acquittais de ma commission, allant de case en case, je m'aperçus que mon nègre, qui tenait mon cheval, était en contestation avec le maître-d'hôtel du lieutenant-général; j'y allai au plus vîte, et je demandai à cet honnête homme où il prétendait mener mon cheval, qu'il tenait par une des rênes: à M. le général, qui en a besoin, me dit-il. Le sien est-il hors de service? repris-je? Non, me répondit-il; mais quand je dis M. le général, cela veut dire quelqu'un de sa suite. Oh bien, monsieur de sa suite, lui répondis-je à mon tour, il n'y a pas si long-temps que vous allez à cheval pour avoir oublié votre premier métier d'aller à pied, recommencez à le pratiquer, et cherchez vîte un autre cheval; et lui ayant arraché de la main la rêne qu'il tenait, je le renvoyai fort mécontent de mon procédé. Ce maître-d'hôtel se nommait *Dauphiné*, aussi bien que celui dont j'ai parlé au commencement de ces mémoires; leur nom fait connaître qu'ils étaient du même pays; ils avaient aussi servi tous deux assez long-temps sur les galères, et avaient été envoyés aux îles en récompense de leurs travaux; ce que le dernier avait sur le premier, c'est qu'il avait perdu ses deux oreilles dans un différent qu'il avait eu avec la justice, et c'était pour cela qu'il portait toujours une perruque faite de manière qu'elle cachait exactement ce défaut, qui n'était pas connu de tout le monde; cela n'empêchait pas qu'il ne servît son maître avec bien de l'application, et qu'il ne l'ait laissé son héritier en mourant.

Le lendemain du départ des Anglais, j'allai passer quelques jours chez M. de Rochefort, dont j'ai déjà parlé. Son habitation est une des plus belles du quartier de la Cabesterre, à la Guadeloupe; elle fut érigée en fief, sous le nom d'*Arnouville*, en 16....; la rivière du *Coin* la sépare des terres de Saint-Germain, que M. Houel a fait ériger en marquisat, en 17....., sous le nom de *Houelbourg*. Pendant mon séjour à Arnouville, je nivelai et traçai un canal pour faire passer une partie de la rivière du *Lézard* au travers de cette habitation, et donner la commodité d'y faire deux moulins à eau.

Je partis de la Guadeloupe le 3 octobre, et j'arrivai à la Martinique le 6. J'appris, en mettant pied à terre, que nos PP. m'avaient élu procureur syndic de la Mission. Cette nouvelle m'affligea beaucoup, car elle m'engageait dans toutes sortes d'embarras, nos affaires étant dans le plus grand désordre.

Après avoir mis ordre aux affaires de notre habitation du Fonds Saint-Jacques, et fait avec un grand travail le sucre que l'on put tirer de nos cannes ruinées, je me rendis au Mouillage, où je fis achever notre couvent. A cette époque, je fus nommé supérieur de la Mission de la Martinique, et Vice-préfet apostolique; enfin, le 9 août 1705, je m'embarquai pour passer en France, où m'appelaient les intérêts de notre Mission, sur le vaisseau le *Saint-Paul*, de Marseille, allant à Cadix. Je mis pied à terre sur les cinq heures du soir le 10 octobre, et c'est où je finirai mes Mémoires de l'Amérique, qui pourront être suivis de ceux de l'Espagne et de l'Italie, si Dieu me donne assez de santé pour mettre en ordre mon Journal, et les remarques que j'ai faites dans ces pays.

www.ingramcontent.com/pod-product-compliance
Lightning Source LLC
Chambersburg PA
CBHW050654170426
43200CB00008B/1284